생초보도 TM 영업으로
10억 버는 비법
(개정판)

이 책의 출판권은 ㈜두드림미디어에 있습니다.
저작권법에 의해 보호받는 저작물이므로 무단 전재와 복제를 금합니다.

12년 경력 텔레마케터,
수천 번 실패하고 깨달은 TM 영업 노하우

생초보도 TM 영업으로 10억 버는 비법

개정판

김우창 지음

한국경제신문 *i*

프롤로그

생초보인데 TM 영업으로 10억 원이 가능할까?

"생초보도 TM 영업을 잘할 수 있을까?"
"생초보도 매달 1,000만 원씩 벌어서 10년 동안 10억 원 이상 버는 방법이 있을까?"

현재 코로나로 인해 전 세계는 깊은 시름에 빠져 있다. 직장은 경영 악화로 구조 조정을 하고, 장사는 안되고, 직업은 구하기 더 힘들어졌다. 억대 연봉은 생각도 못 하는 실정이다. 그러다 보니 생을 포기하는 사람들의 뉴스를 접하기도 한다. 매우 안타까운 일이다. 이제 영업의 세계는 대면 영업에서 비대면 영업으로 바뀌고 있다. 영업뿐만이 아니라 식당도 배달로 바뀌고 있고, 다른 분야도 전부 다 비대면으로 바뀌고 있다. 우리는 이러한 변화에 빨리 적응해야 한다. 이 책은 코로나 시대에도 억대 연봉을 받을 수 있는 직업인 TM 영업에 대해 소개하고 있다. 아무것도 모르는 생초보도 이 책을 잘 보면 많은 도움이 될 것이다.

나는 작년부터 네이버 카페 '한국텔레마케팅코칭협회'를 운영하고 있다. 이 카페를 통해 작년에만 수십 명의 생초보가 TM 영업으로 억대 연봉자가 되었다. 요즘 부쩍 TM 영업에 관심이 생기신 분들이 많아졌는지 특강에 대한 문의가 급증하고 있다.

"생초보도 억대 연봉자가 될 수 있다!"
내 카페의 캐치프레이즈다. 이렇게 말할 수 있는 사람은 대한민국에 몇 명 없을 것이다. 만약 있다면 그저 마케팅하기 위한 수단이라고 보면 된다. 책을 판매하기 위해 독자들을 현혹하기 위한 수단인 경우가 많다. 하지만 나는 자신 있게 이 말을 할 수 있다.

작년에 출간된 나의 첫 번째 책《청년 백수에서 억대 연봉 콜센터 팀장이 된 비결》을 보고 수많은 생초보분들의 인생이 바뀌었다. 어떤 분들은 유튜브 '김우창작가TV'를 보고 가난을 면치 못하는 삶에서 돈이 넘치는 삶으로 바뀌었다. 꼴등 하던 생초보가 1등이 되었고, 어떤 분은 10일 만에 급여 1,300만 원을 받는 기적이 일어나기도 했다. 심지어

암 환자도 3개월 만에 월급 1,500만 원을 받게 되었다는 것은 대단한 일이 아닐 수 없다.

이 책은 그들이 어떻게 성장했으며 어떻게 생초보에서 억대 연봉을 벌게 되었는지 그 비법을 담고 있다. 어떻게 그들이 나를 만났으며, 성공하게 되었는지를 전작보다 더 세밀하게 넣으려고 노력했다. 작년에 첫 번째 책이 출간된 이후 아무 경험도 없던 사람이 부자가 되고, TM 영업 지식도 없던 사람들이 작년 한 해에만 수십 명이 넘는 억대 연봉자로 탄생했다. 이것은 기적이라고밖에 말할 수 없을 것이다. 그들이 돈벼락을 맞고 있는 이유를 이 책에서 더 자세하게 다루고자 노력했다.

이 책을 통해 여러분 중 몇몇 분들은 인생이 달라질 것이다. 사는 집이 바뀌고, 자녀가 가는 학교가 바뀌고, 타는 자동차가 바뀔 것이다. 노후에 대한 돈 걱정이 사라지고, 대출의 늪에서 빠져나오는 신기한 경험을 하게 될 것이다. 내가 이렇게 자신 있게 말하는 이유는 머리로만 아는 이론이 아닌, 실제로 경험한 내용이기 때문이다. 영화도 소설보다 실화를 바탕으로 한 것이 더 재미있는 것과 같다.

책 한 권은 당신의 인생을 송두리째 바꾼다

여러분들은 책 한 권으로 인생이 바뀔 수 있다고 믿는가? 나는 단 1초도 망설이지 않고 이렇게 대답할 것이다.
"네, 그렇습니다."

아직 믿고 있지 않았다면 이 책을 보면서 생각이 바뀔 것이다. 이 책은 소설 같은 가상의 이야기가 아니라 생초보들이 성공한 실제 사례를 담고 있다. 아래의 네 가지 질문에 명확한 답을 주고 있다.

1. 생초보가 어떻게 TM 영업에서 성공할 수 있는가?
2. TM 영업에서 절대로 하면 안 되는 것은 무엇인가?
3. 어떻게 TM 영업으로 단기간에 돈을 벌 수 있는가?
4. TM 영업이 평생직장이 될 수밖에 없는 이유는 무엇인가?

이 책은 이런 분들께 특히 더 도움이 될 것이다.
"취업해야 하는데, 어떤 직업을 선택해야 할지 막막합니다."
"상담직으로 일하는데, 아무리 노력해도 계약이 안 나와요."
"노후에 뭐 먹고 살지 막막합니다. 제2의 인생을 살고 싶습니다."
"평생 한 직장에만 있다가 은퇴를 앞두고 있습니다. 불안합니다."

"현재 급여가 너무 적어 직장을 알아보고 있습니다."
"아이들을 키우다 보니 경력 단절로 취업이 힘듭니다. 돌파구를 찾고 있습니다."

이 책은 어려운 TM 영업을 12년 경력의 노하우로 아주 쉽게 풀어쓴 책이다. 현재 아무것도 모르는 생초보라고 해도 단기간에 억대 연봉을 버는 기술을 알려주는 책이다. 사실 생초보가 억대 연봉을 받는 것은 거의 불가능에 가깝다. 이쪽 일을 경험해본 사람은 알겠지만, TM 영업의 세계는 너무나 어렵고 힘들기 때문이다. 보험 TM, 주식 TM, 부동산 TM, 상조 TM, 건강식품 TM 등등 수많은 텔레마케팅 영업이 있지만, 거의 다 비슷하다. 수많은 거절과 싸워야 하고 설득시키고 계약으로 끌어내야 한다. 그러다 보니 TM 영업에 대해 사람들의 머릿속에는 이런 생각이 박혀 있다.

'스트레스가 심한 직장'
'정신노동이 심한 직장'

하지만 이 책은 그 어려운 일을 쉽게 달성할 수 있는 근거와 사례를 통해 성공에 대한 명확한 해답을 준다. 내가 TM 영업 초보 시절에 망했던 경험과 수천 번 실패하고 깨달은 경험이 없었다면 불가능한 일일 것이다. 이론만 말하는 수많은 책과는 비교될 수 없을 만큼 값진 책이라고 생각한다.

부디 여러분이 이 책을 통해 꼭 성공하길 응원한다. 이 책을 보고 삶의 힘을 얻고 기적 체험자가 늘어난다면 좋겠다. 이 책을 자세히 읽어보면 직업을 가지고 돈을 버는 방법에 대한 수많은 노하우를 가져갈 수 있다. 제대로만 읽으면 책값의 열 배 이상은 가져갈 수 있다고 확신한다.

김우창

부록

전국에서 쏟아지는 독자들의 생생한 후기

"우리 김우창 작가님, 고마워요. 당월위촉인데 센터 1등 찍고 부상으로 공기청정기 받아요. 급여는 1,300만 원 정도 될 듯해요."

<서울 axa손해보험, 이○○님>

⋯⋯⋯⋯⋯⋯⋯⋯⋯⋯⋯⋯⋯⋯⋯⋯⋯⋯⋯⋯⋯⋯⋯⋯

"작가님, 잘 지내시죠? 교육의 힘인지 11월 센터 1등 했어요. 센터 1등이 부동이었는데 2년 만에 제가 하게 됐습니다. 작가님 덕분이에요. 오늘 센터에 던킨도너츠 쐈습니다. 감사드립니다."

<부산 메리츠화재, 박○○님>

⋯⋯⋯⋯⋯⋯⋯⋯⋯⋯⋯⋯⋯⋯⋯⋯⋯⋯⋯⋯⋯⋯⋯⋯

"어제 하루 만에 계약 10만 원 이상 찍고, 오늘 아침에 제 이름이 센터 1등에 올라와 있었는데…. 아직은 월초라 조금 더 달려봐야 알 거 같아요. 항상 실적이 잘해도 15등에서 20등 사이였는데, 작가님께 조금 더 배우면서 마감 때 센터 1등도 바라봅니다."

<부산 aia생명, 고○○님>

"이번 달 우리 회사 전체 2등이 되어, 1,000만 원 이상 받았습니다. 작가님 덕분에 완전히 마스터되어서요. 아주 자신 있습니다. 작가님 만나면 인생이 바뀐다는 말이 맞는 거 같아요. 사실 작가님 만나기 전에는 반론이 많이 부족했는데 이제는 완전히 날아다닙니다. 10월 급여 1,000만 원 인증입니다. 작가님 노하우라 가능하네요. 앞으로 계속 잘 부탁드려요. 8월, 9월, 10월 해서 3개월 동안 3,000만 원 받았습니다."

<인천 db손해보험, 심○○님>

"작가님 오늘 다섯 건 계약했어요. 작가님의 책을 읽고 나서 일이 술술 잘 풀려요. 마법 책인 듯! 중요한 건 건당 보험료가 높아졌어요. 제가 가장 취약한 부분이었어요."

<전라도 광주 라이나생명, 박○○님>

"DB 계약으로 3등을 했습니다!"

<경기도 남양주 악사손해보험, 구○○님>

"저는 전체 계약 중 암보험이 30%, 수술비가 70% 비중으로 하고 있는데, 첫 달은 월납계약금액 50만 원 정도고 둘째 달은 80만 원, 전 달은 100만 원까지…. 이제 안정권으로 갈 것 같습니다."

<인천 db손해보험, 강○○님>

"김 작가님의 가르침으로 9월 마감 잘했습니다. 진심으로 감사합니다. 저희 실에서 1등 했고요. 센터에서는 정확한 순위는 알 수 없고 5위 안에 들었습니다. 이젠 정리도 됐으니 본격적으로 공부에 매진해서 10월엔 더욱 발전된 모습 보여드릴 수 있도록 많은 지도 부탁드립니다."

<서울 axa손해보험, 김○○님>

"작가님 오늘 처음으로 다섯 건 했습니다. 며칠 잘 안 돼서 저기압이었는데, 처음으로 괄목할 성과가 나왔네요. 작가님 덕분입니다. 감사드립니다."

<부산 aia생명 이○○님>

"모레 오후 시간으로 면접 약속 잡았습니다. 전 회사 소득 보장 최대 4,000만 원 첫 달 지급한다고 해서요. 결과 알려드리겠습니다. 감사합니다."

<서울 aia생명 김○○님>

"작가님, 안녕하세요. 저 월납보험료 70만 원 해서 신인 대상 받았습니다. 콜타임과 콜터치수 우수상도 받았습니다."

<수원 동양생명 박○○님>

차례

프롤로그 4
부록_전국에서 쏟아지는 독자들의 생생한 후기 10

PART 01 | 생초보도 억대 연봉이 가능한 직업, TM 영업

1. 무자본으로 매달 1,000만 원씩 버는 평생직장 20
2. 상담사들이 한 달도 못 버티고 퇴사하는 이유 25
3. 억대 연봉을 받고 싶다면 억대 연봉자를 찾아가라 31
4. 내가 TM 영업을 평생직장으로 선택한 이유 38
5. 비대면 시대, 최고의 직업은 TM 영업이다 44
6. 성공자들의 마인드를 배우면 TM 영업이 쉬워진다 49

PART 02 | **TM 영업 12년, 수천 번 실패하고 깨달은 6가지 노하우**

1. TM 영업은 독학하면 100% 망한다   58
2. 어려운 사람들과 나누면 100배로 돌아온다   64
3. TM 영업, 1년만 버티면 답이 보인다   70
4. 일본 최고의 치과의사가 세미나에 10억 원 투자하는 이유   76
5. 실장과 센터장의 인정을 받으면 돈이 쏟아진다   82
6. 정신병자들의 먹이가 되지 말라   87

PART 03 | **단기간에 억대 연봉을 받고 싶다면 꼭 알아야 할 5가지**

1. 읽기만 해도 계약이 나오는 상담 스크립트 만들기   94
2. 계약이 쏟아지는 회사를 찾아라   100
3. 가망 고객 관리를 잘하면 단기간에 억대 연봉이 가능하다   106
4. 강력한 퍼포먼스는 추가 계약에서 나온다   111
5. 고액 계약은 억대 연봉으로 가는 지름길   116

PART 04 | **생초보가 억대 연봉 받은 6가지 사례들**

1. 〈인천 9기, 심○○님 수강생 사례〉　　　　　　　　　126
"1년 동안 약 9,000만 원 넘게 벌었어요."

2. 〈인천 10기, 강○○님 수강생 사례〉　　　　　　　　133
"8개월 동안 꼴등을 하다가 전문가 만나 1등"

3. 〈의정부 31기, 이○○님 수강생 사례〉　　　　　　　139
"수강 10일 만에 급여 1,300만 원"

4. 〈부산 33기, 박○○님 수강생 사례〉　　　　　　　　144
"수강 43일 만에 전체 1등"

5. 〈부산 25기, 이○○님 수강생 사례〉　　　　　　　　150
"두 달 고민하다 수강 후 매일 5건"

6. 〈부산 30기, 이○○님 사례〉　　　　　　　　　　　 156
"이직을 심각하게 고민하시던 분이 수강 후 처음으로
계약 5건 체결"

PART 05 | **지금의 선택이 앞으로의 70년을 결정한다**

1. [타이밍] 병원 의사들이 수천만 원짜리 컨설팅을 받는 이유　166
2. [포지셔닝] 좋은 땅에 떨어지면 100배 성장한다　　　　　172
3. [인내력] 머리보다 끈기가 수십억 원을 만든다　　　　　　177
4. [돈의 법칙] 돈과 재물은 하늘의 법칙에 따라 움직인다　　184
5. [노후 준비] TM 영업은 나이 든 사람들의 천국　　　　　　191
6. [지혜] 10년 걸릴 일을 단 몇 달 만에 해결하라　　　　　　198

에필로그　　　　　　　　　　　　　　　　　　　　　　　204

생초보도 억대 연봉이 가능한 직업, TM 영업

무자본으로 매달
1,000만 원씩 버는 평생직장

TM 영업은 스펙 없이도 억대 연봉이 가능하다

> "부자가 되는 방법은 세 가지밖에 없다. 상속을 받거나, 복권에 당첨되거나, 사업에 성공하는 것이다. 부모가 부자가 아니라면 이 중에 가장 쉬운 것이 사업에 성공하는 것이다."
>
> – 김승호 《돈의 속성》 중

요즘 베스트셀러로 유명한 김승호 회장님의 책의 내용이다. 부자가 되는 방법 중 사업에 성공하기가 가장 쉽다고 말한다. 세상에 돈을 많이 버는 사업은 많다. 하지만 대부분이 내 돈이 들어간다. 식당, 커피

숍, 네일숍, 부동산 중개사무소 등 모두 내 돈이 많이 들어가야 한다. 대부분 사업하시는 분들이 대출을 받아 창업하다가 장사가 안되는 요즘 같은 코로나 시대에 피 같은 돈을 날리게 된다. 얼마나 허무하고 고통스러울까?

뉴스를 보면 버티다 못해 결국 파산 신청을 하는 사장님들도 아주 많아졌다고 한다. 세상의 많은 사업이 위험성이 매우 높다. 그리고 경쟁도 매우 치열해서 자칫하면 모아놓은 내 돈을 다 날리게 된다. 그리고 빚더미에 앉게 된다. 그러다 보니 요즘 대학생들 목표가 공무원 시험에 합격하는 것이라던데 이해가 간다. 약 70대1의 경쟁률을 뚫고 평생직장을 가지게 되는 것이다. 그럼 이상적인 배우자가 될 수 있다는 말을 얼핏 들었다. 잘은 모르지만, 최저시급의 평생직장이라는 건 좀 생각해 봐야 하지 않을까? 사람들은 모두 자신에게 맞는 회사가 있겠지만 급여가 적고, 평생직장이라는 말은 뭔가 불투명한 미래의 작은 위안 정도밖에 안 된다고 생각한다.

12년 전, 나는 미국에서 망하고 돌아와 많은 직업을 찾아보았다. 그때 나는 나름대로 기준을 가지고 직업을 알아보았다.

"나는 현재 가난하다."

"가진 돈도 없다."

"모아놓은 자산도 없다."

"부모님이 도와줄 형편도 아니다."

"내 힘으로 돈을 벌어 취업, 결혼, 자녀 교육, 내 집 마련을 하려면 매달 1,000만 원을 받을 수 있는 직업이 필요하다."

"무자본으로 평생 매달 1,000만 원을 버는 직업이 없을까?"

대학교 때 전공이 요리였기 때문에 요리 쪽을 알아보았는데, 노동력 대비 받는 급여가 너무 터무니없이 적었다. 이것으로 입에 풀칠 정도는 하겠지만, 뭔가 부자가 될 것 같은 느낌은 없었다. 몇 달을 고민한 끝에 나는 전공을 포기하고 새로운 직업에 도전해보고자 하는 열정이 생겼다. 여기저기 많이 알아보았다. 다른 사업보다 돈이 거의 들어가지 않고, 몇 배는 쉽고, 사무실에 편하게 앉아서 돈을 버는 직업이다.

바로, TM 영업이었다.

센터 1등이 급여로 4,000만 원을 가져가는 직업

TM 영업을 처음 알게 된 순간, 나는 온몸이 얼어붙는 경험을 하게 되었다.

"센터 1등이 이번 달 급여 4,000만 원을 가져가셨습니다."

아침에 조회시간에 센터장님께서 말씀하셨다. 이런 직업이 세상에 어디 있단 말인가? 이런 직업을 미리 알았더라면 미국에서 6년 넘게 그 많은 고생을 하지 않아도 되었을 것이라는 한숨이 절로 나왔다.

지금 나의 강의를 들으러 오시는 분들은 내가 고생한 약 10년 정도를 저축하는 것이다. 사실 그분들이 너무 부럽다. 나처럼 생고생하다 만나야 하는 최고의 직업을 유튜브 동영상이나 책 한 권 보고 와서 특강으로 듣는다는 것에 무척 샘이 날 때도 있다. 그분들이 열심히 배우셔서 고액 연봉을 받는 걸 보면 축하해드리고 싶다는 생각과 부럽다는 생각이 교차한다.

나는 12년 전 결심했다.
"나의 평생직장은 TM 영업으로 하리라!"

그 당시, 나의 문제는 무경험자였다는 사실이었다.

'들어갈 수 있을까?' 하는 생각도 했었지만 바로 합격 통보를 받고 일하게 되었다. 참 좋은 직업이 아닐 수 없다. 나 같은 무경험자를 채용해 준다는 것 자체가 고마웠다. 책상과 컴퓨터와 전화기와 사무실을 무상 제공하는 것도 아주 고마웠다. 경험이 없어도 일할 수 있고 기본적인 노하우는 알려준다. 그리고 다른 사업처럼 망해도 내 돈을 날리는 경우가 없다. 게다가 입사하면 100만 원을 교육비로 제공한다. 더 충격적인 사실은 만나야 할 고객을 돈을 주고 사는 시스템이 아니라 매일 무상으로 제공해준다. 이런 대박 직업이 세상에 어디 있는가?

다른 영업직들은 보수는 높지만, 만나야 할 고객에 대한 데이터베이스(data base, DB)를 내가 돈을 주고 사야 한다. 그럼 배보다 배꼽이 더 큰 돈이 나가게 된다.

하지만 TM 영업은 고객에 대한 DB를 내 돈을 주고 사는 게 아닌 회사에서 지급해주고, 요즘 같은 코로나 시대에 편하게 앉아서 상담하고 계약을 체결하는 직업이라 너무 매력이 있었다.

"나는 이 직업에 뼈를 묻을 것이다."

그날부터 본격적인 나의 업무가 시작되었고, 생각지도 못한 많은 일이 기다리고 있었다. 지금 와서 생각해보면 그때 나의 열정이 너무 강해 많은 장애물이 문제 덩어리로 보이지 않았던 것 같다. 그저 당연히 넘어야 할 돌멩이 정도로밖에 보이지 않았다. 이것이 중요한 것이다. 지금 시작하시는 분들에게 꼭 드리고 싶은 말씀은 이것이다.

"여러분의 열정이 뜨거우면 앞으로 만나게 될 장애물들은 눈 녹듯이 녹아내릴 겁니다."

상담사들이 한 달도 못 버티고 퇴사하는 이유

TM 영업 회사들의 꼼수

앞에서 TM 영업의 장점을 많이 말했다. 이렇게 좋은 직업이고 돈도 안 들고, 만날 고객을 무한으로 제공하는 직업이고, 억대 연봉을 받는 직업인데 한 가지 문제가 있다. 그건 바로, 억대 연봉을 받는 방법을 아무도 알려주지 않는다는 사실이다. 담당을 맡은 실장님과 센터장님, 그리고 가장 친한 친구조차도 알려주지 않는다.

'왜 그럴까?'

나는 이 부분이 무척 궁금했다. 그러다 입사한 지 몇 달 만에 바로 알게 되었다. 그것은 알려주는 사람에게 아무런 도움이 되지 않기 때문이다. 영업의 세계는 매우 냉정하다는 걸 느꼈다. 단돈 1만 원 차이로 센터에서 나의 순위가 결정되고, 급여와 프로모션이 완전히 바뀐다. 내가 알려줘서 그 사람이 1등을 하면 내가 받아야 할 혜택이 사라지기 때문이다. 이러한 이유로 많은 상담사가 비밀을 유지한 채 일을 하는 것이다.

'헉, 이거 엄청 좋은 조건이네' 하고 입사했다가 한 달도 못 버티고 퇴사를 하게 된다. 대부분 TM 영업 회사들이 광고나 회사를 소개할 때는 그럴듯하게 포장해서 소개한다.

'1년 동안 1,000% 수수료 증정'
'상담원 평균 급여 500만 원'
'철회, 이행보증이 없습니다.'
'상위권 20명이 1,000만 원대 급여를 받고 있습니다.'

이런 감언이설에 속아 오늘도 많은 상담사가 호되게 고생하는 것이다. 이런 상황을 지켜보다가 문득 이런 생각이 들었다.
'그럼 그 비법을 배우면 되는 것 아닌가?'

내가 수천만 원 쓰고 매주 특강을 하는 이유

많은 사람이 묻는다.
"작가님은 쉬는 날도 없이 매주 강의하세요?"

2020년 12월부터 나는 힘들어하는 상담사들, TM 영업에 관심 있는 분들을 위해 거의 매주 토요 특강을 진행하고 있다. 2020년부터 지금까지 약 1년 동안 300명 정도의 상담사, 무직자, 취업준비생, 경력 단절 주부 등이 다녀갔다. 그리고 그중 수십 명의 수강생이 억대 연봉을 받고 있다. 이건 기적이라고 표현할 수밖에 없다.

"TM 영업에 초보인 사람이 매달 1,300만 원, 800만 원 정도의 급여를 받는다고?"
지금은 입소문이 나서 유명해졌는지 유튜브나 내 책을 보고 전국에서 많은 분들이 아침, 저녁으로 연락을 주신다.

"특강은 언제 해요?"
"자리 있나요?"
"주로 무엇을 배우나요?"
"저는 ○○회사인데 가능할까요?"

"일이 너무 안 돼서 그런데, 저 좀 살려주세요."

자세한 특강 신청 방법은 네이버 카페 '한국텔레마케팅코칭협회'에 들어와보시면 아주 자세히 나와 있다. 특강 후 일대일 상담을 약 30분가량 무료로 진행하고 있다. 원래 일대일 상담 비용은 10만 원인데 당분간 코로나19가 잠잠해질 때까지는 무료로 진행한다. 사회에 이바지한다는 의미로 하고 있는데, 사람들은 그 가치를 잘 모르는 것 같기도 해서 다시 받아야 할지 고민 중이다. 관심 있으신 분들의 많은 참여 바란다. 코로나로 서울시에서 비대면 진행을 권고하고 있어 요즘은 집에서 원격으로 수강하도록 하고 있다.

매주 토요일 특강을 운영하는 이유는 단 한 가지다. 내가 12년 동안 경험한 억대 연봉의 비법을 통해 여러분은 고생 없이 억대 연봉을 받게 하는 것이다. 그리고 세상에 TM 영업이 얼마나 좋은지를 알려주고 싶다. 내가 경험한 수많은 직장 중, 이런 매력적인 직업은 없었다.

일반 직업은 내 능력이 아무리 많아도 받는 보수가 정해져 있고 반드시 계약직을 거쳐 정직원이 된다. 그리고 아무리 열심히 일해도 급여가 적다. 또, 정년이 되면 어떻게 되는가? 50세 전후로 나갈 준비를 해야 한다. 아무 준비도 없이 쫓겨나는 일을 기분 좋게 받아들이는 사람은 없다. 비싼 돈을 주고 명문대를 나와서 쫓겨나는 형국이라니 말이 되는가? 요즘 대학 졸업생들이 취업을 하고자 안간힘을 쓰는 모습을 보면 참 씁쓸한 일이 아닐 수 없다.

나의 아버지도 대한항공에서 30년 직원으로 일하셨고, IMF 때 정리해고당하셨다. 그리고 지금까지 고생하시는 모습을 보니 가슴이 찢어질 것처럼 아프다. 나는 그때 깨닫게 되었다.

"나는 정년 되면 쫓겨나는 직업은 절대 쳐다도 보지 않을 것이다."
"평생직장과 억대 연봉이라는 두 마리 토끼를 잡을 것이다."

그때 이후로 나는 미친 듯이 공부하고 잘나가는 상담사들의 세일즈 강의를 들으러 다녔다. 그중에는 한 달 수강료가 1300만 원인 비싼 강의도 있었다. 어떤 건 500만 원이었고, 적은 건 300만 원짜리도 있었다. 도움을 주신 분들께 정말 감사의 말을 전하고 싶다. 전 재산을 투자해서 배우는 수고와 노력을 했고, 지금은 특강을 통해 전하는 역할을 하고 있다. 그러니 그 퀄리티가 어마어마하지 않을까? 그러한 이유로 지금 수강생들이 대박이 터지고 있는 것이라고 말하고 싶다. 수강생 중 21기 신○○님은 다른 곳에서 500만 원 사기를 당하고 지금 여기에서 억대 연봉을 받고 있다. 참 안타깝다. 처음부터 나에게 왔으면 많은 돈을 아낄 수 있었을 텐데 말이다. 믿기 힘들 수도 있겠지만, TM 영업은 내가 세계 최고라고 자부한다.

대부분 사람은 기회가 와도 기회인 줄 모른다. 그래서 황금 같은 시간을 낭비한다. 여러분은 무자본으로 매달 1,000만 원을 벌 기회를 놓치지 않기를 간절히 바란다. '시작이 반'이라는 말이 있다. 특강에 원격으로 참석하시길 추천해드린다. 전화보다 더 자세히 상담해드릴 것이다.

억대 연봉을 받고 싶다면
억대 연봉자를 찾아가라

호랑이를 만나려면 호랑이 굴로 들어가야 한다

이 책을 읽고 계신 여러분이 TM 영업으로 성공하고 싶다면, 반드시 알아야 할 한 가지가 있다. 바로 수많은 상담을 통해 많은 사람을 성공하게 한 경험이 있는 전문가를 만나야 한다는 것이다. 그리고 지금까지 자신이 생각했던 것들을 잠시 내려놓고 전문가의 조언을 전적으로 신뢰해야 한다. 그렇지 않으면 아무리 노력해도 아무 일도 일어나지 않는다. 허송세월만 하고 실적은 항상 바닥을 경험하게 된다. TM 영업은 독학하면 실적은 오르지 않고 엉뚱한 방향으로 가게 된다. 거기다 자신이 잘못된 길로 가고 있음에도 본인은 잘하고 있다고 생각하게 된다.

내가 12년 전에 했던 실수를 반복할 수밖에 없다. 엄청 고통스러운 날들을 보내게 된다.

내가 이렇게 말하는 이유는 다 겪었던 일이기 때문이다. 나도 온종일 일하고 계약은 0건, 콜타임은 3시간 이상 나오는데, 실적은 꼴등을 경험해보기도 했다. 심지어 목감기에 걸려 목이 아파 죽겠는데도 출근해서 열심히 일했다. 주말에도 출근하거나, 늦게까지 남아서 노력해보았다. 하지만 실적은 0건이었다.

그때, 이런 생각이 들었다.
'내가 지금 뭐 하는 거지?'
'저 사람들은 왜 이렇게 잘하는 걸까?'

그때부터 내 생각을 바꿔보았다.
'잘하는 사람들을 부러워만 하지 말고 배워보자.'
'엉뚱한 데 가지 말고 전문가를 찾아가자.'

수많은 강의와 세미나를 다니며 수천만 원을 썼다. 그리고 지금의 내가 탄생하게 되었다. 전국의 유명하다고 하는 세일즈 세미나, 마인드 코칭 세미나, 최고경영자 과정, 외국에 유학하다 온 성악가들의 수업

등을 쫓아다니며 헤아릴 수 없을 만큼 큰 비용과 시간을 들여서 공부하기 시작했다.

10년이라는 시간 동안 많은 돈을 들인 만큼 더 크게 성장한 나를 발견하게 되었다. 만약, 그때 내가 그들의 말을 흘려듣거나 신뢰하지 못하고 따라가지 않았다면, 지금 나는 하루하루 살얼음판을 걷고 있을지도 모르겠다.

여러분들이 TM 영업으로 성공하고자 한다면, 자신이 알고 있는 지식과 경험으로 코칭해서 수강생들을 월급 1,000만 원, 2,000만 원, 3,000만 원을 받도록 만들어본 사람을 만나야 한다. 그저 이론만 말하는 사람들이 많다. 하지만 세일즈를 이론적으로만 말하는 사람들은 진짜 실력자가 아니다. 그들은 진짜로 위장한 가짜들이다. 한마디로 짝퉁이다. 진짜 명품은 실력이 최고 수준에 올라와 있어야 한다. 말만 번지르르하고 실력이 없는 짝퉁에게 가면 내 수강생처럼 500만 원 사기당하고 망하는 경험을 하게 될 것이다. 이 말은 진심이다.

수천만 원이 들더라도 전문가를 만나라

슈퍼카 람보르기니를 아는가? 좋은 차를 원한다면 수억 원을 호가하는 자동차를 직접 만들어본 장인을 찾아가면 된다. 숙련된 비법과 코칭 실력을 가지고 있기 때문이다. TM 영업으로 성공하고 싶다면, 그 분야의 전문가를 찾아가야 한다. 나는 2020년 한해만 해도 수십 명의 억대 연봉자를 만든 코칭 전문가다. TM 영업을 시작한 지 단 며칠밖에 안 된 사람들이 나의 책을 보고 수강 신청을 한다.

'TM 영업을 한반도 해보지 않은 사람이 어떻게 억대 연봉을 받을 수 있을까?'
'어떻게 초보를 단 몇 달 만에 억대 연봉자로 만든단 말인가?'

이런 생각이 들어 의아해할 수 있다. 당연하다. 하지만 나는 경력 12년 차 전문 텔레마케팅 코치다. 수많은 연도 대상을 받았고, 그 노하우로 많은 사람을 억대 연봉자로 만든 능력자다. 문제가 있는 상담사들이 매주 나의 특강에 적게는 다섯 명, 많게는 스무 명까지 찾아온다. 나를 만나면 단기간에 억대 연봉을 받게 만들어준다.

나를 신뢰하는 분들은 바로바로 실력이 폭발하지만, 아닌 분들도 계시다. '잘하나 한번 들어볼까?' 하는 분들은 좀처럼 실력이 늘지 않는다. 참 아이러니한 일이다.

여기서 중요한 점은 상담사가 성공하고자 하는 열망이 있어야 코칭이 효과를 제대로 발휘하게 된다는 것이다. 전문가가 아무리 억대 연봉 받는 노하우를 알려줘도 절실하게 배우고자 하는 노력이 없다면, 코칭은 무용지물이 된다. 열정적으로 배우고자 하면 반드시 성과를 내도록 도와드릴 수 있다. 수천 년 전에 쓰인 성경에도 이런 말이 나온다.

"네 믿음이 너를 구원하리라."

잘하는 상담사들은 더 잘하도록 코칭해주고, 초보 상담사에게는 잘 적응해서 고액 연봉을 받는 방법을 코칭해준다. 자신을 믿고, 성공할 것이라는 확신과 자신감에 차 있는 사람은 어떤 일을 해도 성공한다. 반면, 자신을 믿지 못하면 어떤 일을 해도 실패하게 되어 있다. 그 이유는 간단하다. 여러분이 물건을 사러 백화점에 갔다고 하자. A 점원은 열정적으로 자신의 상품을 설명하고 말투도 고급스럽게 하고 있고 상품에 자신감과 믿음이 있다. B 점원은 사든지 말든지 전혀 신경을 쓰지 않고 복장도 운동복에 말투도 어딘가 교양이 없게 느껴진다면, 당신은 어떤 상점에서 구매할 것인가?

《나폴레옹 힐의 부의 법칙》이라는 책에 '실패의 31가지 원인'이라는 구절이 나온다.

"명확한 인생 목표의 부재, 평범함을 뛰어넘으려는 야망의 부재, 부족한 교육, 게으른 자기 훈련, 미루는 버릇, 인내력 부족, 어떤 것을 공짜로 바라는 심리, 지나친 조심성"

나폴레옹 힐은 철강왕 앤드류 카네기의 제의로 세계 최대 거부들과 성공한 사람들의 성공법칙을 연구했던 전문가다. 그 성공의 원칙에 대해 저술하고, 가르치고, 강연하면서 미국을 비롯한 전 세계적으로 유명한 성공학의 거장이 되었다. 그는 성공하지 못하는 요인으로 위와 같은 것들을 말하고 있다.

마음 깊이 새겨야 할 말들이 많지만, 실패의 요인 중 한 가지만 뽑으라면 이것이다.
"어떤 것을 공짜로 바라는 심리는 우리를 파멸로 이끌어준다."

내가 망했던 경험을 천천히 회상해보면 항상 이런 나쁜 습관이 자리 잡고 있었다. 대가를 지급하지 않고 공짜로 뭔가를 얻고 싶어 하는 마음이 항상 내 마음에 자리 잡고 있었다. 이러한 것들은 경험상 나를 거지로 만들어버린다. 최고의 가치 있는 수업을 듣지 못하도록 하고 나를 가난뱅이로 만들어버렸다. 그렇게 나는 점점 가난해지고 무가치한 존재가 되어감을 느끼게 되었다. 유유상종이라고 주변에 나와 비슷한 사람들만 가득 차게 되고 발전은 없었다.

여러분이 TM 영업으로 성공하고 돈을 많이 벌고 싶다면, 이것을 꼭 기억하기 바란다.

"여러분을 성공의 길로 이끌어줄 전문가를 꼭 만나라. 어떠한 비용이 들더라도."

내가 TM 영업을
평생직장으로 선택한 이유

왜 TM 영업인가?

이 세상에는 수천 가지의 직업이 있다. 나는 처음 직업을 선택할 때 중요하게 생각하는 것이 딱 두 가지다.

"첫 번째, 평생 일할 수 있는가?"
"두 번째, 고소득을 받을 수 있는가?"

많은 사람이 좋은 직업이라고 생각하는 것이 아닐 때도 있다. 공기업, 대기업에 들어가기 위해 오늘도 취준생 여러분들은 스펙 쌓기에 열을 올리고 있다. 부모님께서 도와주고 주변에서 서로 밀어주며 스펙을 쌓는다. 수천만 원 들여 영어, 토익, 토플 등 수많은 자격증을 취득하고 좋은 기업에 입사하려고 안간힘을 쓴다. 고생 끝에 입사하면 기다리는 것은 야근과 주말 근무다. 그리고 10~20년 안에 정년이 기다리고 있다. 퇴직 후 멘탈 붕괴가 온다고 표현하는 사람들도 있다. 나의 아버지는 대한항공에서 30년을 몸 바쳐 일하고 퇴직하셨다. 돌아온 건 아픈 몸과 빚밖에 없었다. 가족을 위해 평생 희생한 것 치고는 너무 초라한 결과였다.

나는 그때 생각했다.
'나는 절대 아버지와 같은 직업을 가지지 않을 것이다.'
'평생 일해도 아무도 태클 걸지 않는 곳에 갈 것이다.'
'노력해서 고수익을 받을 수 있는 직업을 선택할 것이다.'

지금도 많은 사람이 공무원 시험을 준비하느라 노량진 학원가에서 자취하는 것을 본다. 그리고 좋은 스펙을 쌓기 위해 토익, 토플을 공부하고 어학연수를 다녀온다. 좋은 학교에 가기 위해 수능 시험 준비를 10년 넘게 한다. 그런데 이렇게 하면 정말 좋은 직업을 가질 수 있는가?

TM 영업은 입사 조건이 고졸 이상이면 끝이다. 대학, 토익 점수 같은 건 전혀 필요 없다. 그리고 나이도 상관없다. 나이든 60대 주부도 현재 월급 1,000만 원 넘게 벌고 있는 모습을 흔하게 볼 수 있다. 60대에 할 수 있는 일은 사실 많지 않다. 어떤 상담사는 이렇게 말한다.

"보통은 내 나이에 파출부나 청소밖에 할 수 없는데, 나는 직업 선택을 참 잘했어."
"내 나이에 월급을 1,000만 원 받는다니 노후에도 걱정 없지, 뭐."

나는 내 평생의 과업을 상담원의 코칭으로 정했다. 그리고 내가 살아있는 동안 많은 사람을 억대 연봉자로 만들 것이다. 이것이 내가 지금 밥 먹고, 잠자는 유일한 이유다.

TM 영업은 감정 노동이 심한 3D 업종이다?

많은 사람이 TM 영업을 싫어하는 이유는 다음과 같다.

1. 감정 노동이 심하다.
2. 정신적 스트레스가 심한 3D 업종이다.
3. 고객을 설득시켜야 하는 고된 노동직이다.

이것이 언론과 매스컴을 통해 잘못 알려진 TM 영업에 대한 이미지다. 나는 12년 동안 TM 영업을 하면서 이러한 소리를 많이 듣고 살았다. 이 부분에 대한 오해를 좀 풀어주고 싶다.

1. 감정 노동이 심하다?

일반적인 다산콜센터나 통신사 인바운드 TM 같은 경우는 모든 고객이 전화를 걸고 민원을 넣으면 어쩔 수 없이 싫어도 고객을 응대하고 문제를 해결해야 한다. 이런 조직을 일반적인 TM 조직이라고 한다. 이런 조직은 스트레스가 무척 심하고 급여 수준도 매우 낮다. 아무리 열심히 일해도 급여가 오르지 않는 시스템이다.

하지만 TM 영업은 다르다. 우리는 통화하고 싶은 고객을 스스로 선택할 수 있다. 그러므로 일반적인 고객 응대 TM과는 성격이 전혀 다르다. 사람마다 조금씩 생각이 다를 수도 있지만, 가장 큰 차이는 필터링을 할 수 있다는 점이다.

대부분의 초보 상담사들은 필터링을 잘하지 못하니 계약은 못 하고, 고객과 부딪히는 일이 자주 일어난다. 어느 정도 경력이 있는 상담사들은 능숙하게 이런 고객들을 다룰 줄 안다. 능숙하다는 말은 이상한 고객들은 센스 있게 넘어가고 나와 맞는 고객을 찾아서 그분들과 계약하는 방법을 안다는 것이다. 그럼 감정 노동이 아니라 즐겁게 일할 수 있고, 연봉도 대기업 부장급 정도의 매우 높은 수준을 받을 수 있다.

2. 정신적 스트레스가 심한 직업이다?

TM 영업은 크게 부동산, 보험, 주식, 상조, 건강식품으로 나눌 수 있다. 어떤 부서에서 일하느냐에 따라 스트레스의 수준이 다르다. 나의 전문 분야는 보험과 주식, 상조 쪽이다. 전문 분야를 토대로 말씀드리면 인바운드(고객의 요청으로 전화를 하는 일) TM 쪽은 스트레스가 가장 적다. 그 대신 수수료도 매우 적다.

그리고 POM(기계약자들에 대해 안내를 하는 부서) TM 쪽은 중간 정도의 스트레스다. 수수료 수준이 중간 정도지만, 계약이 워낙 잘 나오는 특징을 가지고 있으므로 많은 상담사가 선호한다. 그리고 마지막으로 아웃바운드 TM 분야인데, 이쪽 분야는 가장 스트레스가 심하고 그 대신 가장 수수료가 많다. 작은 계약을 해도 인바운드나 POM 센터에서 받는 급여보다 훨씬 많이 받는다.

결론은 스트레스의 강도는 내가 조절할 수 있고, 그에 맞는 급여를 가져간다는 것이다. 생각보다 많은 상담사가 아웃바운드에서 일하고 있다. 적은 계약으로도 1,000만 원 정도의 월급을 가지고 갈 수 있다는 장점이 있기 때문이다. 실제로 하루 한 건만 해도 급여가 500만 원이 넘는 경우가 많다. 실제로 일하다 보면 'TM 영업은 스트레스가 많다'는 건 편견이라는 사실을 알게 된다. 들어가는 노동력 대비 급여가 크기 때문에 용서가 된다고 하는 게 가장 적절한 표현일 것이다. 실제로 벤츠 타고 다니는 분들이 많은 곳이 바로 아웃바운드 TM 영업 쪽이다.

3. 고객을 설득시켜야 하는 고된 노동직이다?

영업사원은 크게 두 부류로 나뉠 수 있다. 직접 나가서 고객을 만나는 대면 영업사원과 전화로 상담하는 TM 영업사원이다. 대면 영업사원들은 고객과 만나서 응대할 때 머릿속에 있는 지식을 가지고 설득시킨다.

하지만 TM 영업사원들은 전화로 고객을 만나서 설득시키기 때문에 스크립트라는 것을 준비한다. 이것이 가장 큰 차이점이다. 준비된 스크립트를 어떻게 짜느냐에 따라 전문 상담사가 될 수도 있고, 초보 상담사가 될 수도 있다.

결론은 잘 준비된 스크립트를 사용하면 생각보다 어렵지 않게 고된 노동 없이도 고객과 상담해서 계약을 끌어낼 수 있다.

비대면 시대,
최고의 직업은 TM 영업이다

코로나 시대에 내가 대면 영업을 싫어하는 이유

대면 영업과 TM 영업은 차이가 크다. 대면 영업은 나가서 누군가를 만나서 계약해야 한다. 나가서 하는 일이다 보니 내 차를 타고 가든, 아니면 대중교통을 이용하든 일단 고객과 부딪히는 영업이다.

나도 과거에 대면 영업을 해본 경험이 있었다. 3시에 만나기로 고객과 약속을 잡고 신나게 차를 타고 달리는 중에 중부고속도로 수원 톨게이트를 나가자마자 고객에게 문자가 왔다.
"갑자기 아기가 아파서 병원에 가야 할 것 같습니다."

이런 고객들이 한두 명이 아니었다. 이런 식으로 못 만나는 일도 있고, 가끔 잡상인 취급을 받는 일도 있었다. 나도 남의 집 귀한 자식인데 잡상인 취급을 받으면 조금 서글퍼진다. 이런 황당한 일들이 나의 멘탈을 뒤흔들었다. 때려치우고 싶은 생각이 하루에도 몇 번씩 들었다. 그냥 나갈 수도 없었다. '일단 시작한 것, 무라도 잘라보자'는 성격이라 끝까지 해보는 끈기 하나는 명품이었기 때문이었다. 가끔 '내가 지금 뭐 하는 거지?'라는 생각도 들고 집에 가고 싶어 울고 싶은 경우도 많았다.

하지만 고객과 입장을 바꿔서 생각해보자. 지금 같은 코로나 시대에 누가 만나줄 것인가? 만나준다고 하더라도 계약으로 끌어내지 못하면 그 비용은 고스란히 본인에게 돌아가니 참으로 어처구니없는 상황이다. 그래서 나는 결정했다.
"TM 영업으로 가자."

나가는 돈이 없는 알짜배기 영업, TM 영업

TM 영업의 종류는 다양한데 그중 대표적인 것은 건강식품, 보험 판매, 부동산 영업 등이다. 이러한 TM 영업들은 대면 영업과 달리 돈이 많이 들지 않는다. 영업은 비용적인 문제도 간과할 수 없는 부분이다.

대면 영업은 왔다 갔다 하는 비용이라든지 고객을 만나서 써야 하는 비용이 만만치 않다. 내가 아시는 분 중에서도 나가서 영업하시는 분이 계시는데, 실제로 많이 버는 것을 보지 못했다. 많이 번다고는 하지만, TM 영업으로 급여를 가져가는 분들보다 얼마 못 가져간다. 고객을 만나고 쓰는 비용이 많기 때문이다.

하지만 TM 영업은 비용이 거의 안 들어간다. 하루에 고객들과 3시간 이상 통화해도 한 달에 1만 원도 안 된다. 최소의 비용으로 최대의 효과를 볼 수 있다. TM 영업하시는 분 중에는 돈을 많이 버시는 분들이 많다. 알짜부자라고 표현하는 게 맞을 듯하다. 500만 원, 1,000만 원을 벌어도 나가는 돈이 거의 없다.

내가 처음 상담을 시작할 때 상위권에 있던 직원은 거의 3개월에 한 번씩 오피스텔을 구매하러 간다는 말을 한 적도 있다.
"이번에 ○○지역에 오피스텔 또 하나 샀어. 역세권이고 수요도 많아 노후 대비로 해놨지."
"아무 데나 가지 말고 잘 알아봐야 해. 꼭 갈 때는 나에게 물어보고."

대면 영업은 남는 게 많지 않아서 알부자가 별로 없다고 들었다. 일하는 거에 비해 무척 열악한 조건이다. 대면 영업은 500만 원, 1,000만 원을 벌어도 실제 남는 비용을 따져보면 50%도 못 가져가는 분들이 많다. 빛 좋은 개살구인 셈이다. 특히 법인 영업하시는 분들은 이런저런 비용이 많이 들어가고 만약 회사 사정이 안 좋아지면 큰 계약들이 해지되는 경우도 많다. 그래서 법인 영업은 이직률이 매우 높다고 들었다.

하지만 TM 영업은 일단 금액이 많지 않기 때문에 해지나 실효가 거의 없다. 비대면 시대의 최고의 직업이라고 하는 이유가 바로 여기에 있다. 비용적인 측면이나 순수익 등을 따져봤을 때, 가장 가성비가 좋다. 또 TM 영업은 나이가 들어서도 할 수 있는 직업이고, 생초보도 제대로만 배우면 억대 연봉이 충분히 가능하다. 한 달에 1,000만 원만 벌어도 1년이면 1억 2,000만 원이다. 10년이면 10억 원 이상을 벌게 된다는 계산이 나온다. 그래서 그런지 요즘 특강에 대면 쪽 영업을 하시던 분들이 많이 오신다.

"작가님, 저는 대면 영업만 10년인데, 저도 TM 영업이 가능할까요?"
"네, 가능합니다. 잘 따라올 수 있는 열정만 가지면요."

TM 영업은 판매하는 대로 거의 다 남는 장사다. 다른 영업을 하다가 혹시 힘이 들거나 문제가 생기면 나를 찾아오라. 내가 내 모든 것을 걸고 코칭해줄 수 있다. 갈증 나는 만큼 성공한다.

"내 인생에서 딱 7주만 미친 듯이 해보자."

내가 우리 수강생들에게 하는 말이다. 어떤 일을 해도 그 일에 미치게 되면 고통을 못 느낀다. 3일을 굶고 라면을 먹을 때는 미친 듯이 먹게 된다. 42km 마라톤을 뛰고 물을 먹을 때는 정말 미친 듯이 마시게 된다.

자신이 배우는 데 미친 듯이 갈증을 느끼고 있다면, 그때 나를 만나면 성공한다. 지금 67차가 넘도록 일일특강을 해오면서 느낀 것은 갈증이 있는 사람을 코칭하면 대박이 터진다는 것이다. 두 달 만에 1,800만 원을 받은 9기 심 선생님은 사막에서 오아시스를 찾듯이 나를 찾았다고 말했던 기억이 난다. 나를 만난 것이 마치 세계적인 그룹 BTS를 만나는 것처럼 엄청난 일이라고 생각했다고 들었다. 그리고 어떤 일이 일어났을까? 2개월 만에 1,800만 원이라는 실적이 터졌다.

이런 말은 수십 명을 억대 연봉자로 만든 경험에서 나오는 것이다. 여러분들이 이 책을 보고 힘내시길 바란다. 만약에 직장을 찾고 있거나 이직하고 싶다는 생각이 있다면 특강에 참석하는 것을 추천해드린다. 네이버 카페 '한국텔레마케팅코칭협회'와 유튜브 '김우창작가TV' 등 다양한 채널로 특강에 참여할 수 있다. 요즘엔 방역수칙 때문에 집에서 원격으로도 참여할 수 있으니 문의 한 번 주시면 감사하겠다.

성공자들의 마인드를 배우면 TM 영업이 쉬워진다

성공자들의 성공법, 1.2.3.4 법칙

내가 TM 영업을 하면서 하위권 신세에서 상위권으로 치고 올라가게 된 결정적인 사건이 있었다.

예전에 머리를 하러 미용실에 간 적이 있었다. 대기시간 동안 이런저런 잡지들을 들춰보다가 내 시선을 사로잡는 문구가 있었다.

"저는 1.2.3.4원칙을 철저히 지켜서 큰 부자가 되었습니다."
'1.2.3.4가 뭐지…?'

호기심에 자세히 읽어보았다. 그 기사는 부동산을 수백억 원 소유한 한 갑부의 투자 이야기를 담고 있었다. 부자들의 성공신화 같은 내용이었다. 대개 다 그렇듯이 열심히 노력해서 성공했다는 기사라고 생각했는데, 읽어보니 수긍이 가는 내용이 많았다.

잡지기자가 갑부에게 물었다.
"어떻게 그렇게 큰 부자가 되셨나요?"

그는 '1.2.3.4 법칙'을 설명하면서 이렇게 말했다.

1은 수입의 10%는 기부한다.
2는 수입의 20%는 자기계발(책이나 세미나)에 투자한다.
3은 수입의 30%는 저축한다.
4는 수입의 40%는 재투자한다.

갑부의 설명에 따르면, 자신은 이 방법을 실천하면서 사업이 점점 더 커졌고, 벌어들이는 수입이 기하급수적으로 늘어났다고 한다. 연 수입이 100만 원이라면, 10만 원인 10%는 기부했다는 말이다. '사업을 하는 데 목적의식이 없이 돈만 바란다면, 돈을 위해서는 잔인한 일도 하게 되는 것이 아닐까?'라는 생각을 하게 되었다. 역시 부자 중에서 큰 부자는 하늘이 내린다고 하더니 존경스럽다는 생각이 들었다. 부자가 되면 될수록 더 따뜻한 사회가 될 것 같은 작은 희망이 보였다.

내 머리를 강타한 것은 바로 20%는 자기계발을 하라는 부분이었다. 월수입이 100만 원이라면, 20만 원인 20%는 자기계발에 사용한다는 말이다. 한마디로, 책이나 강의를 듣는 데 돈을 아끼지 않는다는 말이다. 다른 사람이 평생에 걸쳐 배운 비결을 듣는다는 것이 대단히 중요하다는 생각이 들었다. 어떤 일이든 앞서간 사람을 만나야 실패 확률이 줄어든다. 솔직히 TM 영업을 하면서 중요한 책이나 강의는 소홀히 하고 있었던 나 자신을 돌아보게 되었다.

내 인생을 바꾼 세미나 투자

'아무런 투자도 없이 성공을 바라는 것은 도둑놈 심보다.'

이런 충격적인 깨달음이 왔다. 그날 이후, 나는 여기저기 많이 돌아다니며 세미나를 찾아보았다. 검증된 전문가들이 쓴 상담 관련 책들도 찾아 읽기 시작했다. 데일 카네기의 《인간관계론》이나 나폴레옹 힐의 수많은 명저도 읽었다. 그리고 억대 연봉자들의 책도 많이 보았다. 세미나를 듣고 싶은데 돈이 없어서 10개월 카드 할부로 긁어 들은 적도 있다. 그 이후 어떤 일이 일어났을까?

TM 영업을 하면서 지지부진하던 실적이 갑자기 상승하더니 계약이 마구 쏟아지는 경험을 하게 되었다. 책이나 강의가 나를 성공자의 마인드로 바꾸어놓았다.

"나는 무능력자가 아니다. 나도 할 수 있다."

이런 자신감과 열정이 샘솟기 시작했다. '이것을 좀 더 일찍 알았더라면 좋았을 텐데…'라는 생각도 들었다. 이런 것을 학교에서 알려주지 않는 현실에 매우 서글퍼지기도 했다. 사회에서 성공자로 살아가는 데 필요한 지식은 없고 미분, 적분이나 토익, 토플만 가르치고 전교생이 모두 교수가 되어야 할 것 같은 학업 분위기는 매우 바람직하지 않다고 본다. 이러한 교육 시스템에 신물이 났다.

이런 사회 구조 속에서 성장한 아이들이 사회에 나가면 말 그대로 맨땅에 헤딩하는 꼴이 된다. 그러다 보니 이런 말이 유행하기도 한다.
"명절 금지어는 세 가지다. 취업했냐? 결혼했냐? 자녀는 언제 가질 거냐?"

그래서 실업자만 늘어나고 결혼은 더 늦어지며 자녀를 가질 생각도 하지 못하는 세상이 되어버렸다. 이러한 사회적인 문제가 지속되면 저출산 문제와 경제적인 타격이 크므로 대한민국의 장래는 어두워질 수밖에 없다.

나는 '대한민국 미래의 인재를 키울 콜센터대학교를 세워야겠다'고 생각했다. 그 시작으로 지금 '한국텔레마케팅코칭협회'를 운영 중이다. 네이버 카페에 치면 나온다. 나의 첫 번째 책인 《청년 백수에서 억대 연봉 콜센터 팀장이 된 비결》도 읽어보면 많은 도움이 될 것이다. TM 영업에 필요한 내용이 담긴 유튜브 방송도 매주 업로드하고 있다. 여러분이 학교 교육만으로 세상에서 성공하고자 한다면 많은 장애물이 가로막을 것이다. 그럴 때 이런 강의나 책들을 본다면 매우 큰 도움이 될 것으로 생각한다.

그 미용실 사건 이후, 나는 완전히 다른 사람으로 변해 있었다. 여러분이 만약 지금 힘들고 직업도 없고 앞으로 살아갈 날이 막막하다면, "열심히 해봐"라는 조언은 대책 없는 조언이 될 수 있다.

구체적인 조언을 해드린다면 "본인이 잘 하는 것을 찾고, 그것을 더 잘하기 위한 전문가를 찾아가세요"라고 말씀드리고 싶다. 세상에 많은 친구와 직장 동료들이 있지만, 남이 잘되기를 바라는 진정한 친구나 동료는 찾기 힘들 것이다.

여러분 주위를 둘러보라. 나를 정말 잘 챙겨주고 나의 성공을 응원하는 사람이 몇 명이나 되는지?

만약, 한 명도 없다면 내가 도움을 줄 수 있을 것 같다. 나를 찾아오라. 나의 특강에 오면 상담을 통해 성공하도록 해드릴 수 있다. 성공을 바라는 마음만 가지고 있지 말고 여기저기 알아보고 찾아다니는 노력을 한다면, 여러분은 큰 성공의 열매를 수확할 수 있을 것이다. 여러분의 앞날에 좋은 일들만 가득하기 항상 기도할 것이다.

TM 영업 12년, 수천 번 실패하고 깨달은 6가지 노하우

TM 영업은 독학하면 100% 망한다

열심히만 일하면 실적은 안 오르고 목만 아프다

나는 2004년부터 약 5년 동안 골프를 독학했다. 텔레비전에서 보는 프로들의 스윙과 타격음은 황홀할 만큼 멋있었다.

'나도 저런 멋진 스윙을 해봐야지'라고 생각하고 하루하루 열심히 따라 해봤다. 동영상을 보고 프로들을 따라 해보기도 했고 골프 연습장 옆자리의 아저씨 스윙도 따라 해봤다. 그러다가 손목 부상으로 몇 달을 손목에 파스를 붙이고 다니기도 했다. 지금도 비만 오면 왼쪽 손목이 시큰거린다.

수백, 수천 개의 공을 레슨 없이 연습하다 보니 다쳤던 후유증이 몰려오는 것이다. 전에 삼성의 창업주 고 이병철 회장님도 "골프는 평생 해도 어렵다"라는 말을 하셨던 게 이해가 간다. 골프채로 공을 맞혀야 하는데, 뒤땅을 치고 팔이 아파 응급실에 간 적도 있었다. 그러고선 그 다음 날 또 골프 연습장에 갔다.

하지만 지금은 제대로 레슨을 받고 멋진 스윙을 할 수 있게 되었다.
'이렇게 쉬운 걸 가지고 왜 내가 그 고생을 했을까…'

내가 12년 동안 TM 영업을 해본 결과, 상위권으로 가는 방법은 골프와 거의 똑같다. TM 영업도 레슨 없이 하게 되면 손목 부상을 입거나 응급실에 실려가는 고생을 하게 된다. 어느 날은 잘되다가 또 어느 날은 안되고…. 분명히 지난달에는 잘되었는데 이번 달에는 망하는 일들이 빈번하게 일어난다. 그리고 1등을 하거나 고액 연봉을 받다가 갑자기 사라지는 현상도 목격하게 된다. 그 이유는 바로 기본기가 없기 때문이다.

TM 영업의 기본기는 다섯 가지다.

1. 완벽한 스크립트

2. 자신에게 맞는 회사, 상품, 수수료 체계

3. 가망 고객에게 계약하는 방법

4. 추가 계약하는 방법

5. 고액 계약하는 방법

이 다섯 가지가 완벽하게 되어 있는 상담사들은 어떤 상황에도 억대 연봉을 받게 된다. 이 부분은 다음 장에 더 자세히 설명해드릴 예정이다. 이것 말고 더 중요한 몇 가지가 있는데, 그것은 수업시간에 알려드리고 있다. 다섯 가지 기본기를 모르면 아무리 열심히 일해도 월급 150~200만 원을 넘지 못한다. 가끔 더 많이 받아도 다시 제자리로 돌아오게 된다. 그리고 회사를 자꾸 옮기고 또 적응하고 옮기고를 반복하게 된다. 내가 12년을 이 일을 했으니 거의 도사급으로 아는 내용이다.

항상 문제는 외부가 아닌, 자신에게서 찾아라

내가 12년 동안 TM 영업을 하면서 생겼던 문제들의 99%는 나 자신에게 있었다. 내가 가는 길이 가로등도 없는 밤에 어두컴컴한 길이라면, 넘어지는 것은 당연하다. 계속 넘어지면서 환경을 탓하면 본인만 더 고통스럽다. 외부가 아닌, 내 주변에서 갈 방법을 찾아보라는 말이다. 그럼 문제들은 온데간데없이 사라지고 광명의 빛이 비치며 돈이 굴러들어 올 것이다.

처음 TM 영업을 할 때 나를 도와주는 광명의 빛 같은 건 없었다. 오로지 수백 번 쓰러지면서 혼자 터득한 노하우들이 모여 지금의 나를 만들어주었다. 여러분은 이런 노력과 고생을 하지 않게 하려고 이 책을 집필하고 있다. 나는 독자님들의 길을 비춰주는 가로등이 될 것이다.

문제를 외부에서 찾게 되면 자동으로 남 탓, 실장 탓, 센터장 탓, DB 탓, 친구 탓 등등이 나오게 된다. 자신이 문제의 원인인지도 모르고 무조건 다른 사람에게서 문제를 찾으려고 하기 때문이다. 내가 돗자리 깐 사람처럼 잘 아는 이유는 나도 그랬던 때가 있었기 때문이다. 출근만 하면 모든 게 싫었던 때가 있었다. 문제는 레슨을 제대로 받지 않은 나에게 있다는 사실은 모른 채, 그저 불평과 불만으로 하루하루 힘들게 살았다.

그런 이유로 나는 사람들에게 도움이 되고자 네이버 카페 '한국텔레마케팅코칭협회'를 운영하고 있다. 그리고 유튜브에서 '김우창작가TV'를 방송하고 있다.

지금 1년 정도 과정을 운영하면서 수많은 사람이 실제로 돈벼락을 맞고 있다. 등록 4주 만에 월급 1,800만 원, 한 달 만에 900만 원, 2주 만에 센터에서 2등, 3년 만에 연봉 3억 원 수령 등 수많은 수강생이 지금 하루하루 행복하게 일하며 돈도 많이 벌고 있다. 그리고 나에게 매우 고마워하며 선물로 비싼 볼펜, 스타벅스 쿠폰, 배스킨라빈스 아이스크림, 목에 좋은 벌꿀 세트 등을 보내오기도 한다. 정말 고마운 분들이다.

한 분의 사례를 말씀드리면 10기 강 선생님을 좋은 센터로 취업을 시켜드렸는데, 그 센터의 1등이 강 선생님을 직접 가르치며 도와주었다. 그 센터의 1등은 바로 나의 수강생이었고 내가 도와주라고 부탁을 드렸기에 초보임에도 불구하고 여왕 대접을 받으며 즐겁게 일하고 계신다. 이분은 지금 현재 센터 1등을 하고 계시다.

이분들의 공통점은 문제를 외부가 아닌, 자신에게서 찾으려고 노력했다는 점이다. 이것은 매우 중요한 부분이다. 그래야 자신을 돌이켜보고 배우려는 생각이 들기 때문이다. 수강생 중에는 치아센터 1등 했던 분, 암센터 1등 했던 분, 운전자보험 1등 했던 분, 부동산이나 주식 관련 TM 영업 1등 하셨던 분들도 계시다. 그분들은 뭐가 부족해서 오시는 것이 아니다. 원래 잘하는 사람들은 더 잘하려고 노력하기 때문에 내게 찾아오는 것이다. 부자가 더 부자가 되는 원리와 같다.

그리고 TM 영업을 처음 하시는 분들은 정말 나를 만나는 것이 행운이다. 10~20년을 고생할 것을 안 하게 스파르타식으로 도와주기 때문이다. 내가 강의 때 자주 말하는 것이지만, 나를 만난 사람은 로또복권 맞은 것이라고 표현할 수 있다.

내가 수강생들에게 항상 질문하는 것이 있다.
"만약 나를 만나 매달 1,000만 원씩 20년 동안 받는다면, 총 얼마를 벌어가는 것인가?"

콜센터에서 독학하시는 분들의 마음은 이해한다.
"이렇게 저렇게 해보다가 언젠가는 잘 되겠지!"
"나는 원래 타고났으니까 배울 필요 없어."
"뭐하러 돈 주고 가서 배우냐?"

이런 분들은 그냥 계속 그렇게 하시면 된다. 언젠가는 이루어질 것이다. 10~20년 정도 걸릴 수도 있지만 말이다. 이분들에게 제발 다치지 마시라고 당부드리고 싶다. 한 건도 못 하고 그냥 집에 가는 날이 많더라도 힘내시라고 말씀드리고 싶다. 그러다가 어느 날 너무 힘들 때는 유튜브에서 '김우창작가TV'를 보면서 힘내시고, 진짜 힘들 때는 한 번쯤은 특강에 와서 김 작가의 말을 들어보길 바란다. 나의 간곡한 부탁이다.

어려운 사람들과 나누면
100배로 돌아온다

나누면 이상하게 일이 잘 풀린다

최근에 네이버 뉴스를 보다 충격적인 기사를 보게 되었다. 전 세계에서 가장 부자라고 불리는 워런 버핏 회장에 관한 기사였다.

> "버핏 회장은 재산의 99%를 사회에 환원할 것이라는 의사를 꾸준히 밝히면서 지난 2006년부터 기부해왔다. 그동안 그가 기부한 액수는 374억 달러(44조 6,000억 원) 이상이다."
>
> – 〈머니S〉 홍효진 기자 2020.07.09

그는 지난 2010년 빌 게이츠 마이크로소프트 창업자 부부와 함께 자신의 자산 절반 이상을 기부하기로 약속한 세계 대부호들의 기부클럽 '더 기빙 풀 레지'를 만들었다. 신기한 일은 그런데 그의 재산은 줄어들 생각을 하지 않고 계속 늘어만 간다는 점이었다. 이것은 평생 한 번도 기부하지 않은 사람들에게는 이해하기 힘든 부분이다. 나 또한 그랬다. 초등학생이 수능시험을 보는 것처럼 매우 난이도 있는 이야기다.

그의 기부 철학에 나 스스로 많은 반성을 하게 되었다. 성경에도 이런 말이 나온다.

"가난한 자를 불쌍히 여기는 것은 여호와께 꾸이는 것이니 갚아주시리라."

'잠언 19 : 17'

TM 영업에서 가장 중요한 것은 멘탈 관리다. 내가 가진 무언가를 나누는 사람과 전혀 안 하는 사람의 차이는 영업 실적에서 여실히 드러나게 된다. 수입의 50%를 기부하는 S보험사 연도 대상자의 수상 소감을 신문에서 본 적이 있었다.

"저는 수입의 50%를 기부합니다. 그런데 신기하게 수입이 점점 늘어나게 돼요."

내 경험상 남을 도와주는 사람과 이용하려는 사람은 만나보면 느낌이 다르다. 전자는 매우 따뜻함이 느껴지고, 후자는 매우 차가운 벽에 기대어 있는 느낌이 든다. 이것은 영업에도 아주 큰 영향을 미친다. 우리는 고객과 상담을 하는 직업이기 때문에 목소리로 모든 느낌을 전달해야 한다. 평소에 내 습관이 여실히 다 드러나는 것이다. 표정은 숨길 수 있어도 목소리는 숨길 수 없다는 말이 있다.

내가 경험한 신기한 일을 글로 적어보려고 한다. 내 인생의 첫 기부는 돈이 아니라 책이었다. 미국에서 완전히 망했을 때, 새벽기도에 응답을 받은 게 정말 감사해 기부하고자 마음먹었던 적이 있었다. 그때는 수중에 돈은 없었기 때문에 가지고 있던 약 100권의 책을 모두 교회 도서관에 기부했다. 돈으로 치면 약 100만 원이 조금 넘는 금액일 것이다. 그 이후 나의 삶은 무척 많이 바뀌게 되었다.

기부하기 전에는 TM 영업을 할 때 돈을 많이 벌든 적게 벌든 항상 불평과 불만이 가득했다. 구제 불능 상담사였다. 오로지 받아야지 하는 삶이었다. 그런 삶에는 항상 불행이 찾아오는 법이다. 고객이 도망가고, 이상하게 일이 꼬이기도 했다. 노력하면 노력할수록 스트레스, 우울증, 만성피로, 원망으로 인한 두통, 불면증 등 수많은 문제가 발생했다. 직장은 들어가기만 하면 신기하게 바로 잘리고, 하는 일들은 모두 안되는 경험을 하게 되었다.

"내 월급이 이것밖에 안 되네, 미치겠다."
"저 사람은 왜 나에게 상처 주는 말을 하지? 도저히 용서 못 해."

그런 삶을 거의 10년을 넘게 살다 보니 내 인생은 점점 더 황폐해지고, 건강도 악화되었다. 뼈다귀만 남은 몰골에 지인에게 5,000달러 사기도 당하는 등 불행의 끝판왕을 보는 삶을 살았다. 거의 지옥 같은 생활이라고 하면 아주 적절한 표현일 것이다.

1년에 1,500억 버는 오프라 윈프리의 비결

그러던 중, 오프라 윈프리의 책에서 이런 구절을 보게 되었다.

> "나는 소소한 것에 감사하기 시작했고, 더 많이 감사할수록 내가 받은 은혜도 풍부해졌다."
>
> — 오프라 윈프리 《내가 확실히 아는 것들》

돈이 들어오는 통로는 감사와 행복과 나눔과 용서와 인내와 도와주는 일들을 실천할 때라고 생각한다. 오프라 윈프리의 말에 큰 감동을 받아 나도 감사의 마음을 실천해보기로 결심했다.

내 방 한쪽 벽에는 온통 메모지로 도배가 되어 있었다. 명언들과 확신에 찬 확언들이었다. 그런 날들이 하루하루 쌓이면서 변화가 찾아왔다. 감사하기 시작하면 불평과 불만의 족쇄에서 벗어나는 경험을 하게 된다. 그리고 가진 것을 조금씩 나누기 시작하면서 내 삶에 광명의 빛이 조금씩 비취는 경험을 하게 된다. 아주 사소한 것들이었다.

"식당에서 맛있는 밥을 먹어서 감사합니다."
"일할 수 있는 직장이 있어서 감사합니다."
"추운 겨울날 따뜻한 방이 있어서 감사합니다."

감사하면서 생기는 일 중 또 한 가지는 용서하는 마음이 생긴 것이다. 감사는 연쇄반응을 일으켜 나를 더욱 성장시켰다. 그리고 TM 영업을 하면서 억대 연봉을 받게 만드는 결정적인 영향을 끼치게 되었다.

나는 이런 결심까지 하게 되었다. '나를 고통스럽게 했던 사람들을 오늘부터 용서한다.' 그 이유는 두 가지다. 용서하지 않으면 내가 죽기 때문이다. TM 영업을 하다 보면 상처받기 쉬운 환경이라는 것을 알게 된다. 그때 나에게 상처를 준 사람을 빨리 용서하는 방법을 터득해야 한다. 그래야 내가 앞으로 나아갈 수 있다. 그렇지 않으면 멘탈 붕괴가 오고 그날은 완전히 망치게 된다. 우리가 그들을 용서해야 하는 이유는 가만히 놔두어도 자동으로 망하기 때문이다. 나는 이 진리를 알지 못해서 몇 년을 고통과 저주 속에서 살았다. 상처의 트라우마로 인해 나의 인생은 송두리째 시련의 구렁텅이로 떨어져버렸다.

나에게 상처를 준 습관은 다른 사람을 상처 주는 데 사용된다. 그리고 그 사람은 매우 불행한 인생을 살게 된다. 많은 사람에게 따돌림과 원망을 듣게 되는 사람은 인생이 불쌍해진다. 많은 사람의 적이 되고 자동으로 망하게 되는 시스템을 가지는 것이다. 그런 사람들의 희생양이 되지 말자.

우리가 앞으로 살아가면서 이런 사람을 만나게 된다면 이렇게 대하자.
"아, 불쌍한 인생이구나."
"오늘부터 나는 당신을 용서합니다."

TM 영업,
1년만 버티면 답이 보인다

1년 동안 죽었다고 생각하라

TM 영업은 전화로 물건을 판매하는 일이다. 얼굴을 보지 않고 상품에 관해 설명해야 한다. 고객들의 거절이 심한 이유는 준비되지 않은 상태에서 전화를 받기 때문이다. 낯설고 당황스럽고 귀찮게 생각한다.

그래서 많은 상담사가 이렇게 말한다.
"이거 해보니까 너무 어려워."
"적성에 잘 맞지 않는 것 같아."

내가 12년 전에 처음 일을 시작했을 때도 상담하면서 많은 거절을 당했었다. 하도 많은 거절을 당하다 보니 어느 날부터 상담하기가 싫어졌다. 내가 뭐 하는 건지에 대한 의문이 들기도 했고, 이런 직업을 꼭 가져야 하는지에 대한 불만도 튀어나왔다. 그리고 다른 일반 직장들이 부러워질 때도 많았다.

하지만 나의 장점 중 하나는 "어떤 일을 시작하면 무조건 1년은 해보자"는 것이다. 아기가 태어나는 데도 약 10개월의 기간이 걸린다. 하물며 세상을 살아가는 데 굉장히 중요한, 자신의 평생직장인지를 확인하는 데 최소 1년은 투자해야 한다고 생각한다. 그리고 내 실력을 검증하기 위해서는 1년은 무조건 배우고, 버텨보아야 한다고 생각한다. 많은 상담사가 한두 달도 못 버티고 퇴사한다. 그 심정을 이해할 수는 있지만, 그분들에게 묻고 싶다.

"평생직장을 위해 최소한의 노력은 해보셨나요?"

계속 옮겨 다니기를 좋아하게 되면 10년이 지나도 제대로 배우지 못하고 떠돌이 생활을 하게 된다. 참으로 안타까운 일이다. 내 수강생들 중에도 이직이 잦은 분이 많다. 돌아다니기를 좋아하면 많은 어려움에 부딪히게 된다. 매번 다른 전산을 익혀야 하고, 새로운 상품을 계속 배워야 한다. 힘들고 고되고 돈은 벌지도 못하고를 반복하게 된다.

이 책을 보는 독자분들 중에서 이런 분들이 있다면 매주 토요일에 하는 특강에 오면 큰 도움을 받을 수 있을 것이다. 꼭 드리고 싶은 말씀은 포기하지 말고 뭔가 방법이 있다는 사실을 아셨으면 좋겠다. 내 경험상 세상은 가만히 앉아서 감 떨어지기를 바라는 사람들에게는 저주를 내리고, 반면 뭔가를 찾고 원하는 자들에게 항상 복을 내린다.

"귀찮은데 뭐 하러 그런 거 들어?" 하는 분들은 어떤 일을 해도 안 되는 핑계를 찾는 분이기 때문에 성공하기 굉장히 어렵다. 되는 생각을 해야 하는데 무조건 안 되는 생각을 하면 깊은 구렁텅이로 빠질 수밖에 없다. 이제부터는 뭔가 도전해보고 새로운 것을 배울 수 있기를 진심으로 바란다.

감사하면 힘이 나고 상위권으로 가게 된다

어떤 분의 성공학 강의에서 이런 말을 들었다.

"내가 지금 이렇게 성공할 수 있었던 이유는 감사를 온종일 외치고 다녔기 때문입니다."

그 강의를 들으면서 상담할 때 감사하는 마음이 중요하다는 것을 깨달게 되었다. 그날부터 나는 하루에 '감사합니다'라고 100번씩 말하기 시작했다. 그러자 신기한 일이 생기기 시작했다. 고객들과 상담을 하면서 짜증이 날 때가 많았지만, 조금씩 그런 일이 줄어들었다. 평소에 남으로부터 받은 피해의식이 많은 사람은 아주 큰 효과를 볼 수 있다. 또, 대인기피증이 있으신 분들도 많은 변화를 경험하게 될 것이다.

내가 피해의식과 대인기피증이 심했던 사람이기 때문에 잘 안다. 나는 초등학교 6학년까지 남들 앞에서 발표하는 일이 너무 두려웠다. 다리가 후들거렸고, 심장이 터질 것 같았다. 매번 선생님께 불려가서 회초리로 맞곤 했다. 구제 불능 학생으로 낙인이 찍혔다. 항상 외톨이였고, 나를 위로해주는 친구는 없었다. 부모님을 원망하고 불평했던 적이 한두 번이 아니었다.

하지만 지금은 상담하는 일을 하고 있고, 수많은 상담사를 가르치는 일을 하고 있지 않은가? 나는 TM 영업하면서 실패하고 망하고 좌절한 순간이나 실적이 많이 떨어졌을 때도 계속 감사를 외쳤다. 그러면 신기하게 정신적인 부분에 변화가 오고, 그다음에 장애물을 넘을 힘이 생긴다.

거기다 고객이 내 감정을 읽었는지 이런 말도 해주기도 했다. "김우창 상담사님 덕분에 기분이 좋아졌어요." 그 후에 어떤 일이 일어났을까? 그것은 계약으로 연결되었고, 고객님도 기분 좋게 소개까지 해주셨다.

우리가 하는 일은 하찮은 일이 아니다. 상품을 판매하는 목적은 고객의 삶의 질을 더 높여주며 좀 더 행복한 삶을 살 수 있도록 하는 데 있다. 특히, 보험상품은 고객이 수술대 위에 누웠을 때 많은 도움을 줄 수 있다. 세상에 어떤 사람이 내가 수술한다고 수천만 원을 가져다줄 수 있는가? 아마 없을 것이다. 우리가 판매하는 상품은 고객의 가정을 파산으로부터 지켜주는 일이다. 우리가 판매하는 일은 고귀한 가치를 지닌 일이다.

보험상품을 판매하는 일을 잡상인 취급하는 사람들이 많은데, 그런 사람들은 큰 사고가 났을 경우, 파산하게 되는 사람들이다. 한마디로 불쌍한 사람들이라는 말이다. 그런 사람들에게는 하루에 10초도 아깝다. 그냥 걸러내고 나의 말에 귀를 기울일 줄 아는 현명한 사람을 찾아가자. 다른 직업보다 상담하는 직업들이 스트레스를 더 많이 받는다고 한다. 그 원인은 딱 한 가지다. 쓸데없는 고객에게 많은 시간을 할애해서 그렇다. 오늘부터 부가가치가 높은 고객과 소통하자. 항상 감사하는 마음을 가지고 말이다.

일본의 100대 상상기업 중 하나인 곳의 어느 대표님은 직원들에게 이렇게 말한다고 한다.

"상품을 만들면서 그 상품에 하루 3,000번 감사한다고 외쳐라."

그 이후 제품에 불량률도 줄어들고, 매출도 많이 올라 약 3,000억 원이 넘었다고 한다.

여러분도 TM 영업을 하면서 감사하는 말을 하루에 100번씩 외쳐보라. 그럼 기적들이 마구마구 일어나게 될 것이다.

일본 최고의 치과의사가 세미나에 10억 원 투자하는 이유

TM 영업은 그릇의 크기만큼 성공한다

많은 수강생이 나에게 찾아와서 묻는다.
"작가님, 어떻게 하면 1등을 할 수 있을까요?"
"제가 지금 많이 힘든데 돈 버는 방법을 알려주세요."

그럼 나는 이렇게 대답한다.
"TM 영업으로 돈을 많이 벌고 싶으면 두 가지를 명심해야 하는데, 기술적인 부분과 돈을 담을 수 있는 그릇이 준비되어 있어야 합니다. 만약, 그릇이 준비되지 않은 상태에서 계약을 하게 되면 많이 놓치게 됩니다. 그럼 돈을 벌 기회를 놓치게 되고 가난하게 살게 됩니다."

여러분이 이 책을 읽고 부자가 되고 싶다면 반드시 실천해야 할 것이 있다. 바로 나의 그릇을 키워야 한다. 그럼 내가 수천, 수억 원 이상을 벌어도 그 돈이 날아가는 게 아니라 차곡차곡 채워진다. 돈을 담을 수 있는 그릇이 크기 때문이다.

그릇이 큰 사람들은 만나 보면 느낌이 온다. 쓸데없는 데 돈을 낭비하지 않고, 배우는 데는 과감히 투자해서 몇 배를 버는 지혜를 가지고 있다. 돈을 벌면 흥청망청 써버리는 것이 아니고 중요한 곳에만 사용해서 그릇이 차고 넘칠 때까지 기다릴 줄 아는 사람이다. 그럼으로써 재정적 여유도 생기고 곳간이 항상 차고 넘치니 얼굴색도 밝다. 만나 보면 삶에 자신감이 있고 열정도 넘쳐 보인다.

많은 상담사가 돈을 벌고 싶어 하지만, 정작 중요한 그릇을 키울 생각은 하지 않는 것을 자주 보게 된다. 배우는 데 투자하지 않아 고생해서 돈을 벌어놓고도 쓸데없는 데 많은 돈을 소비하는 경우도 있다.

《탈무드》에 이런 말이 있다.
"커다란 행운을 입에 넣으려면 이를 소화할 수 있는 위를 가져야 한다."

 TM 영업을 하면서 실적 차이가 크게 나는 이유는 그릇의 크기가 다르기 때문이라고 말하고 싶다. 어떤 상담사는 적은 노력으로 큰 실적을 내기도 하고, 어떤 상담사는 아무리 열심히 일해도 작은 계약만 한다. 왜 그럴까? 바로 많은 계약을 담을 만한 그릇을 키우지 않아서다.

 TM 영업은 전화로 고객과 만나 계약을 해야 하는 직업이다. 많은 계약을 담을 수 있는 상담사와 그렇지 않은 상담사는 실적에서 큰 차이가 난다. 한 달에 열 명의 고객과 계약하는 상담사와 한 달에 100명의 고객과 계약하는 상담사의 실적은 당연히 큰 차이가 난다. 연봉으로 치면 열 배를 더 받는 것이다. 3,000만 원의 연봉을 받느냐, 1억 원 이상의 연봉을 받느냐는 바로 그릇의 크기에서 결정된다.

배우는 데 10억 원 투자하고
100억 원을 번 치과의사 이야기

 그럼 어떻게 하면 그릇을 키울 수 있을까?
 내 경험상 TM 영업을 할 때 그릇을 키우는 방법은 두 가지가 있다.
 첫째, 평소에 어려운 사람들을 도와주어라.
 둘째, 배우는 데 투자를 아끼지 마라.

두 명의 상담사를 예로 들어보겠다. 누가 더 크게 성공할 것 같은가?

매우 이기적이고, 배움에 전혀 투자하지 않는 사람이다. 실적이 높아도 주변에 사람이 없으니 매우 외롭고, 배우는 것을 가치 없게 생각하고 고급 교육을 받지 못하니 삶은 점점 힘들어진다. 일은 남보다 더 많이 하고 열정적으로 사는데 수입은 좀처럼 늘어날 생각을 하지 않는다. 나보다 더 잘하는 사람을 싫어하는 성향이 강해 항상 비판적이고 불만이 가득하다. 돈 버는 방법에 대한 투자도 없으면서 항상 돈 걱정을 하면서 산다. 가끔 공짜로 주는 사은품에 눈이 멀어 홈쇼핑을 자주 하며 그것으로 삶의 만족을 느끼며 산다. 항상 불평으로 가득 차 있고 고객과 상담하면 자주 싸운다.

평소에 주변 사람들을 도와주기를 좋아하고, 배움에 과감히 투자하는 사람이다. 표정이 밝고 주변에 친구가 많다. 배우는 것을 좋아해 책과 강의를 찾아보는 것이 습관이 되어 있고, 고급 교육으로 무장해서 실력이 점점 는다. 수입도 좋아지고 인간관계도 좋아져 베푸는 데 인색함이 없다. 그렇다고 과소비를 좋아하는 건 아닌데 어려운 친구를 보면 밥도 사줄 수 있는 넉넉한 마음을 가지고 있다. 지렛대의 원리를 잘 이용해 돈 버는 방법을 알고 있어 투자를 게을리하지 않으며 정보 얻기를 좋아한다. 항상 자신감에 차 있고 고객과 상담할 때도 고객 입장에서 잘 설명해 계약으로 이끌어내는 편이다.

내 경험상 A 상담사는 매우 불행한 삶을 살 가능성이 크다. 지금이라도 당장 습관을 바꾸지 않으면 고통 속에 살 수밖에 없을 것이다. 이렇게 잘 아는 이유는 내가 그런 사람이었기 때문이다. 예전에 나는 남을 욕하고, 비판적이며, 부자를 욕하던 사람이었다. 그럼으로써 점점 가난해지고 돈은 모이지 않고 베푸는 데 인색하니 삶이 피폐해졌다. 부모님을 원망하기도 했고, 가출을 많이 해서 부모님께 걱정을 안겨드리기도 했다.

그러다 어느 날 문득 이런 생각이 들었다. '반대로 한번 살아보자.' 아주 사소한 계기로 나는 반대로 살아보게 되었고, 이로 인해 많은 변화를 경험할 수 있었다. A 상담사이신 분들은 반드시 B 상담사로 이사해야 한다.

일본에서 가장 크고 유명한 치과를 운영하는 원장님이 이런 말을 했다.

"저는 지금까지 저에게 1억 엔(약 10억 원)을 투자했고 지금은 100억 원대 자산가가 되었습니다."

- 이노우에 히로유키 《배움을 돈으로 바꾸는 기술》

여러분의 삶에 가장 수익이 좋은 투자는 바로 배움에 투자하는 것이다. 그리고 주변을 돌아보고 어려운 사람을 도와주는 것이다. 그럼 단 몇 달 만에 깜짝 놀랄 기적을 경험하게 될 것이다.

유튜브 '김우창작가TV'를 보면 TM 영업의 꿀팁들과 '꼴등에서 1등 하고 있는 수강생들의 노하우'를 배울 수 있을 것이다. 항상 용기를 잃지 말고 그릇을 키워 함께 부자가 되기를 바란다.

실장과 센터장의 인정을 받으면 돈이 쏟아진다

성공은 노력보다 인간관계에 달려 있다

콜센터에서 일을 시작하거나 경력자가 회사를 옮기게 될 때, 따돌림을 당하는 일을 종종 겪게 된다. 나의 경험상 그것은 학교에 다닐 때 전학을 하면서 겪게 되는 따돌림이나 왕따와 같은 것이 아니다. 자신이 그렇게 느끼는 것일 뿐이다. 생소한 장소에 가면 누구나 겪게 되는 것들이다. 사람들과의 첫 만남에는 설렘과 어색함이 공존하기 마련이다. 처음이라 익숙하지 않을 뿐, 시간이 지나면 좋아진다고 생각하라.

TM 영업이라는 것은 하다 보면 점점 실력이 늘게 된다. 내가 실력이 있고 잘하면 그들도 나를 인정해주고 친구가 되고 싶어 한다. 여기저기서 언니, 동생, 친구 하자고 먼저 손을 내미는 경우도 많다. 나는 거의 상위권을 놓쳐본 적이 없었는데, 다른 실로 바뀐다거나 센터를 옮기는 상황이 발생하면 결심하는 것이 있다.

'30일 동안 내 실력을 검증시켜주겠다.'

새로 들어간 센터에서 주변 사람과 친해지려고 하는 노력은 줄이고 실적을 올리는 것에만 집중한다. 이것은 내가 어떤 센터로 들어가도 상담원들과 실장님에게 인정받는 유일한 방법이다. 직장에 출근하는 이유는 친구를 만나고, 수다를 떨려는 것이 아니다. 계약을 위한 약간의 조언을 듣는 것 외에는 오로지 일에만 매달리는 노력이 필요한 시기다. 전산도 새로 익혀야 하고, 상품도 바뀌었고, 분위기도 바뀌었기 때문에 적응하는 데 노력이 많이 필요하다. 이런 중요한 시기에 수다 떨고 일할 생각은 하지 않는다면 적응하는 시기가 점점 늦어지고 무실적으로 많은 고생을 하게 된다. 무조건 입사 후 한 달간은 적응하는 데 최선을 다해야 한다.

실적보다 더 중요한 리쿠르팅

내가 항상 다른 센터로 가서 열심히 하는 모습을 보면서 실장님과 센터장님이 식사나 회식 타임 때 이구동성으로 하는 말이 있다.

"너 같은 상담사 한 명만 더 데려올 수 있어?"

친구나 지인 등 다른 센터의 상담사를 데려오라는 말을 자주 듣는다. 이런 말을 자주 듣는 상담사들은 거의 상위권에 있는 사람들이다. 실장님들과 센터장님들이 하위권에 계신 분들보다 상위권들에 더 잘해주는 가장 큰 이유다. 센터는 이익을 남겨야 하는 사업장이기 때문에 어떻게든 실적을 올리려고 한다. 거의 모든 센터가 상위권들에 많은 혜택과 프로모션을 제공하는 이유도 그 때문이다.

"실장님은 ○○○만 좋아해서 너무 슬퍼요."

이런 상담사들은 센터가 돌아가는 이치를 잘 몰라서 그렇다. 이곳은 친구들과 만나서 '심심한데 전화나 돌려볼까?' 하는 곳이 아니다. 실적을 내서 현금흐름을 만들어내야 유지가 되는 사업장이다. 나는 이런 센터장의 심정을 잘 알고 있었기에 어디를 가더라도 인정받는 상담사가 될 수 있었던 것 같다. 그래서 리쿠르팅 요청이 오면 적극적으로 알아보고 실장님과 센터에 많은 도움을 주고자 노력하는 편이다.

한번은 리쿠르팅 요청이 와서 다섯 명을 소개시켜드린 적이 있다. 다른 센터에서 상위권에 있는 지인들을 대거 모셔온 것이다. 그러자 실장님이 나를 vip 대접을 해주시기 시작했다.

"우창 팀장이 데려온 사람들이 상위권으로 다 올라갔네?"
"고마워. 내가 밥 사줄게."
"DB 더 줄까?"
리쿠르팅을 하면 얻게 되는 많은 프로모션들이 있다. 예를 들면,

1. 센터에서 주는 현금 프로모션(황금열쇠, 청소기 등)
2. 해외여행 프로모션(유럽, 아시아 등)
3. DB에 관한 프로모션(기계약 DB, 인콜 DB 등)
4. 리쿠르팅 비용에 관한 프로모션(50~100만 원 정도)
5. 데려온 상담사들이 잘되면 나에게 돌아오는 수수료 혜택(실적의 약 10%)
6. 실장님과 더욱 돈독한 관계로 얻어지는 근무 혜택들(병가, 월차 우선권 등)

명심하자. 여러분들이 급여를 많이 받고 싶다면, 먼저 센터나 실장님들께 무엇을 줄 수 있는지를 잘 생각해보자. 내가 급여를 2,000만 원을 받고 싶다면 센터에 2,000만 원을 줄 수 있는 돈이 있어야 한다. 그럼 센터가 잘되기를 기도하고 기원해야 하지 않을까?

그런 것도 없이,

"저는 목표가 월급 2,000만 원 받는 것입니다."

"저는 여기서 꼭 성공해서 내 집 마련을 하겠습니다."

이런 열정은 센터장 관점에서 몹시 거북스러울 수도 있다. 리쿠르팅에 열심히 해서 센터를 도와줄 생각을 해야 한다. 안 그러면 센터는 점점 망해가는데 혼자만 큰돈을 벌어가려고 하는 꼴이 되기 때문이다.

자, 오늘부터는 실장과 센터장을 너무 미워하지 말고, 사랑과 용서로 화평하며 돈도 많이 벌 수 있는 독자님들이 되시길 간절히 기원한다.

정신병자들의
먹이가 되지 말라

나를 괴롭히는 사람에게 시간 쓰지 마라

'여기는 사람들이 너무 인색해.'
'일은 잘되는데 사람들이 너무 까칠해.'

 이렇게 생각한다면 그것은 잘못된 것이다. 이런 사람들은 어디를 가나 있다고 생각해야 마음이 편하고 잘 적응할 수 있다. 비단 직장뿐 아니라 학교나 식당이나 동호회에서도 나와 맞지 않는 사람은 항상 곰팡이처럼 존재한다. 곰팡이는 빨리 제거해야 한다. 내가 할 수 없으면 내 생각에서 제거해야 한다. 그럼 소화불량일 때, 소화제를 먹은 것처럼 시원함을 느낄 수 있다. 업무를 너무 심하게 방해한다면, 실장님께 자리를 옮겨달라고 요청도 할 줄 알아야 직장을 다니는 데 편해진다.

처음 본 사람과 함께 밥을 먹게 된다면 부담스럽지 않은가? 그것과 똑같다. 자연스러운 현상이다. 원래 콜센터 직원들은 성격이 좀 모난 곳이 많다. 다 그런 건 아니지만, 일부 상위권 상담사들은 다른 상담사들보다 더 많은 거절을 상대해야 하므로 성격이 좀 예민해져 있다. 이런 것은 직업적인 부분이라 이해해줘야 한다. 그럼 그 상담사도 사람인지라 어려움이 찾아오거나 힘들 때는 도움을 주기도 한다.

이때 주는 도움은 자신이 실제 경험으로 터득한 경험들이기 때문에 아주 유용한 꿀팁인 경우가 많다. 그러므로 여러분이 TM 상담사로 성공하기 위해서는 이런 텃세에 자주 부딪히지 않게 조심하는 것이 가장 좋다.

일부 조금 지나친 상담원들도 있다. 마치 자신이 세상의 왕이라고 생각하는 상담사들이다. "여기는 내가 왕이야." 드라마 〈낭만닥터 김사부〉에 나오는 대사와 비슷하게 보인다. 그럴 만도 한 게 한 회사에 몇 년씩 근무하고 실적도 상위권자라면 자신만의 착각에 빠지게 되는 것이다. 심하면 실장님도 자기 멋대로 주무르기도 한다. 오지랖도 넓고 성격도 삐뚤어져 있는 경우가 많다. 오래 일하다 보니 자연히 생기는 오만함이라고 생각하자.

이런 상담사들과 부딪치지 않고 현명하게 대처하는 방법은 간단하다. 그냥 무시하는 것이다. 그리고 매일매일 나에게 주어진 일을 열심히 하면 된다. 그러다 보면 나중엔 먼저 말을 걸어오고 밥도 사주기도 한다. 콜센터에 처음 입사하는 신입 사원들이 적응하기 가장 힘든 것은 일이 아니라 사람이다. 이제부터 그런 일을 당한다면 그냥 무시하자. 그것이 속 편하고 잘 적응하는 방법이다.

실적으로 카운터 펀치를 날려라

TM 영업은 주변에서 도와주는 사람이 없으면 생각보다 쉽지 않다. 한번 적응하면 오래 다닐 수 있지만, 초반에 이상한 사람과 부딪히거나 문제가 생기면 오래 다니기 힘들어진다. 항상 이런 사람들을 잘 다룰 줄 아는 지혜를 가져야 한다. 만약 나에게 불쾌한 말을 하고, 은근슬쩍 뒤에서 욕을 한다면 주먹으로 한 방 날리는 것보다 더 좋은 방법은 실적으로 증명하는 것이다.

수강생 중에서 한 분은 나에게 이렇게 하소연한 적도 있었다.

"센터 3등 했는데, 사람들의 시기와 질투로 일하기 힘들어요."

"사촌이 땅을 사면 배가 아프다"는 속담도 있다. 계약을 못 하는 상담사들에게 시기와 질투를 하지는 않는다. 잘하면 항상 이런 일이 생기게 된다. 잘하는 사람은 다른 상담사의 표적이 되기에 십상이다. TM 영업에는 정상적인 사람도 있지만, 남이 잘되기를 시기하고 질투하는 무리 역시 많다.

이런 무리는 특징이 있다.

1. 자기가 잘하다가 갑자기 실적이 떨어진 사람들
2. 남이 잘되면 급성위장병이 오는 사람들
3. 자기가 센터에서 가장 잘한다고 착각하고 남을 깔보는 사람들

이런 사람들은 그냥 무시하고 본인 할 일에 집중하자. 그게 정신건강에 좋다. 사실 이런 사람들은 불쌍한 사람들이다. 이해심과 배려심이 없으면 인생이 불행해진다. 왜냐하면, 돈과 행복은 나쁜 인간관계가 아니라 좋은 인간관계에서 오기 때문이다. 주변의 성공한 사람들을 잘 관찰해라. 베풀어주고 나눠주는 식당이나 사업가들은 항상 좋은 인간관계로 단골이 많아지고 회사가 더욱 크게 성장하고 부자가 되는 법이다.

결론적으로 말하면, 이제부터는 이런 사람들은 무시하고 제대로 배워서 보란 듯이 실적으로 증명해 보이자.

오늘부터는 나의 행복에 집중하자. 그럼 더욱 많은 것들을 이루어낼 힘이 생긴다. 명심하자. 나의 행복이 항상 우선이라는 것을 말이다.

PART 03

단기간에 억대 연봉을 받고 싶다면 꼭 알아야 할 5가지

읽기만 해도 계약이 나오는
상담 스크립트 만들기

억대 연봉을 위해 상담 스크립트를 점검하라

TM 영업에서 가장 중요한 것은 바로 스크립트다. 고객과 상담할 때 필요한 내용을 미리 작성하는 것이다. 얼마나 퀄리티 있게 작성했느냐에 따라 연봉이 결정된다.

처음 콜센터에 입사하면 제공되는 기본 스크립트는 참고용이다. 만약, 입사 후에 기본 스크립트를 계속 사용한다면 문제가 심각해진다. 상담이 매끄럽지 못하고 고객은 그 상담사를 전문가라고 느끼지 못한다. 그럼 계약은 물 건너간다. 상담할 때 고객이 나를 전문가로 느낄 수 있게끔 스크립트를 짜야 한다.

여기에 나의 연봉이 2,000만 원이 되느냐, 아니면 1억 원 이상이 되느냐가 결정되기 때문이다. 더 나아가 TM 영업이 나의 평생직장이 되느냐, 마느냐가 걸린 중요한 핵심사항이라고 할 수 있다.

여러분들이 TM 영업을 하기 위해 회사에 들어갔다고 한다면, 고객과 상담을 하기 전에 아래의 몇 가지 조건을 먼저 확인해보라. 그리고 그 조건에 나의 스크립트가 몇 가지나 적용이 되는지를 살펴보라.

억대 연봉을 위한 나의 스크립트 점검사항

1. 나의 스크립트가 지루한가?
2. 내가 먼저 계약하고 싶은 생각이 드는가?
3. 고객이 듣고 있으면 돈이 아깝다는 생각이 드는가?
4. 고객에게 줄 수 있는 해결책이 담겨 있는가?
5. 지금 해야 하는 이유가 있는가?
6. 가족도 해야 하는 이유가 있는가?
7. 수만 명의 상담사 중 나에게 계약해야 하는 이유가 있는가?

나의 스크립트 점검표

구분	0개	1~3개	3~5개	5개 이상
수정 전 스크립트				
수정 후 스크립트				

 # 나의 스크립트를 보고 해당하는 부분에 체크해보자.

0개 - 하나도 없다면 문제가 심각하다. 일하는 것이 무의미해질 수 있다.
1~3개 - 열심히는 하는데 원하는 결과가 잘 안 나오게 된다.
3~5개 - 상담을 진행하고 계약은 나오는데 실적이 들쭉날쭉해진다.
5개 이상 - 원하는 결과가 나오고 실적이 상위권에 있게 된다.

이 작업은 한 달이 걸리든 두 달이 걸리든 무조건 다섯 개 이상이 될 때까지 계속 진행해야 한다. 내가 원하는 목표에 도달할 때까지 계속되어야 한다. 지루할 수도 있고 중도에 포기하고 싶다는 생각이 들 수도 있다. 이 작업이 완벽하게 되어 있지 않다면 아무리 열심히 하루에 3시간 동안 상담해도 결과는 좋지 않을 수밖에 없다. 그럼 신세 한탄이 나오고 우울증에 걸리고 스트레스 때문에 탈모 증상이 올 수 있다.

꾸준히 나의 조언대로 실천한다면 원하는 연봉을 받을 수 있게 될 것이다. 포기하지 말고 해보라. 그럼 신기하게도 고객이 먼저 이런 말을 할 것이나.

"바로 해주세요."

명심하자. 우리는 회사에 놀러 가는 게 아니다. 계약을 체결하고 고객에게 계약을 통한 이익을 전달하기 위한 일종의 메신저가 되어야 한다. 고객과 상담할 때 스크립트가 엉망이면 고액 연봉자의 꿈은 물거품으로 변한다. 스크립트 수정 작업을 통해 억대 연봉의 꿈을 펼쳐보라.

스크립트가 완벽하면, 급여가 1,000만 원이 넘어간다

읽기만 해도 계약이 나오는 스크립트는 간단하게 말해서 내가 하고 싶은 말을 하는 것이 아니라 고객이 듣고 싶어 하는 말을 해야 한다. 고객이 듣고 싶어 하는 스크립트로 만들어졌다면, 그 상담사의 급여는 1,000만 원이 넘어간다. 이건 내가 경험해본 바이기 때문에 자신 있게 말할 수 있다.

예를 들면, 상품을 판매할 때 상품만 무작정 설명하는 상담사가 많다. 상품 설명은 듣고 싶어 하는 고객도 있겠지만, 대부분 지루하므로 끊어버린다. 왜냐하면, 귀중한 시간을 관심도 없는 지루한 내용으로 허비하고 싶지 않기 때문이다.

나 또한 ○○회사 등 여러 군데에서 하루에도 몇 통씩 영업 전화를 받는다. 어떻게 알았는지 귀신같이 나의 이름을 말하고 상품 설명을 시작한다. 조금 전에도 밥 먹다가 전화를 받았는데, 그분께 매우 죄송해서 이렇게 말해주었다.
"네, 죄송합니다. 식사 중이라 먼저 끊겠습니다."

여러분도 이런 전화를 받으면 당황하지 말라. 나의 팁을 하나 드리면 말하고 있는데 끊어버리는 것이다. 그럼 길게 통화를 하지 않아도 된다. 꿀팁이긴 하지만, 당하는 상담사는 좀 황당할 수 있다. 그래도 바로 끊어버리는 것보다 덜 스트레스를 받을 것이다. 상담사도 좋고 나도 좋은 방법이다.

나도 고객들과 상담을 하는 사람이지만, 나에게 영업 전화가 오면 매우 귀찮다.
"이거 꼭 들어야 하나?"
"제발 전화는 안 주면 안 될까?"

만약, 그 상담사에게 지루하지 않게 스크립트가 잘 짜여 있었다면 상황은 달라진다.

"아, 네! 그렇게 좋은 게 있었군요. 신청해주세요."

내가 수강생들을 코칭할 때는 나만의 방법으로 지루하지 않도록 계속 수정 작업을 시킨다. 대충시키는 것이 아니라 나만의 비법 노하우를 가지고 코칭한다. 그럼 평소에 막혀 있던 계약들이 터져 나오기 시작한다. 9기 심 선생님은 스크립트 코치 후 바로 하루에 20만 원을 계약하고 월급이 1,000만 원이 넘었던 기억이 난다. 그분은 나에게 매우 고맙다고 하시며 비싼 볼펜을 선물로 주고 가셨다. 매우 기쁜 일이 아닐 수 없다.

나의 도움이 혹시 필요한 분이 계신다면 유튜브에 '김우창작가TV'를 검색하시면 많은 도움을 받을 수 있을 것이다. 매주 토요일에 업로드되고 있는데, 작년에만 시청시간 3,200시간이 넘었고, 구독자도 꾸준히 증가해 1,000명이 넘게 되었다.

이분들이 모두 유튜브를 보고 힘을 내신다면 나로서는 매우 보람될 것이다. 포기하지 말고 스크립트를 수정하고 고쳐서 억대 연봉을 가져간다면 좋겠다는 바람을 가져본다.

계약이 쏟아지는
회사를 찾아라

계약이 쏟아지는 회사를 선택하는 방법

12년 전, 내가 TM 영업을 시작할 때 했던 한 가지 실수가 있다. 그때는 경험이 전혀 없었던 터라 자신감만 넘쳐흘렀고 나에게 맞는 회사와 상품에 대한 지식이 전혀 없었다. 그러다 보니 가는 곳마다 무척 힘들게 적응했고 맨땅에 헤딩하는 일이 많았다. 지금 돌아보면 정말 후회되는 회사와 상품들이 많다.

"이 센터에서 나는 1등을 할 거야."

이런 자신감만 있었지, 정말 이 회사가 나에게 적합한 상품과 수수료를 제공하는지에 대한 의문을 품지 않았다. 일하다 보니 깨닫게 되었다. 내가 들어갔던 회사는 나에게 맞지 않았음에도 열정을 가지고 일했다. 그럼 생기는 문제들이 한둘이 아니다. 몇 가지만 열거해보면,

1. 일단 일하는 시간 대비 월등한 실적이 나오지 않는다.
2. 상품이 나와 맞지 않으니 실적이 저조하다.
3. 수수료체계가 너무 작으니 일할 맛이 나지 않는다.
4. 회사의 문제를 모르고 일하니 눈먼 봉사와 같은 기분이 든다.

TM 영업을 이제 막 시작하는 분들에게 꼭 이 말을 하고 싶다. 위에 열거한 문제들이 하나씩 생긴다면, 회사와 상품에 대해 의심해볼 필요가 있다. 무조건 현재 다니는 회사를 때려치우고 나오라는 말이 아니다. 내가 최선을 다해보았는데도 실적이 저조하다면 그때 의심을 해보라는 말이다.

나는 매주 토요일 특강을 하고 있는데, 오시는 수강생들이 한결같이 물어보는 게 있다.

"작가님 요즘엔 어디가 잘되나요?"

나만의 몇 가지 기준이 있는데, 지금까지 공개하지 않았던 그 노하우를 여기서 공개해보기로 한다. 내가 생각하는 좋은 회사라는 기준은 다음과 같다.

억대 연봉을 위한 나의 회사 점검사항

1. 그 회사에 상위권자들이 많은가?
2. 그 회사에 센터 전체 철회율이 높은가?
3. 그 회사에서 판매하는 주력 상품이 있는가?
4. 그 회사에서 판매할 수 있는 서브 상품이 있는가?
5. 출퇴근 시간은 얼마나 걸리는가?

나의 회사 점검표

구분	0개	1~3개	3~5개	5개 이상
수정 전 회사				
수정 후 회사				

해당하는 부분에 체크를 해보자.

0개 - 하나도 없다면 문제가 심각하다. 일하는 것이 무의미해질 수 있다.

1~3개 - 열심히는 하는데 원하는 결과가 잘 안 나오게 된다.

3~5개 - 상담을 진행하고 계약은 나오는데 실적이 들쭉날쭉해진다.

5개 이상 - 원하는 결과가 나오고 실적이 상위권에 있게 된다.

회사를 보는 눈을 키우는 방법은 한 가지밖에 없다. 많이 다녀봐야 한다. 하지만 너무 많이 다니면 적응도 못 하고 몇 년간 떠돌이 신세가 될 수도 있다.

나의 유튜브를 보거나 특강에 참석하면 아주 큰 도움을 받을 수 있다. 특강 들으신 분들은 일대일 상담을 무료로 진행해드리고 있다. 이것만으로 크게 성공하신 분들이 많다.

일대일 매칭으로 1500만 원 받은 10기 강○○님

내가 수강생들 회사 코칭을 하는 방법은 간단하다.

김 작가의 회사 코칭법

1. 현재 회사의 문제 분석
2. 수강생들이 현재 계약을 잘하는 센터로 면접
3. 적응하는 동안 코칭
4. 문제 발생할 때, 해결책을 제시

일대일 상담을 통해 그 회사의 문제를 분석하고 그 사람에게 맞는 회사를 선택해서 그곳에서 면접을 보도록 돕고 있다. 인바운드가 맞는지,

아웃바운드가 맞는지 등등 말이다. 광고에 떠도는 회사는 되도록 가지 않도록 한다. 왜냐하면, 다 그렇지는 않은데 일부 문제가 있는 센터들은 그 문제를 수정하려고 생각하지 않고 "나가라고 해, 또 뽑으면 되지!"라는 아주 안일하고 대책 없는 경영을 하는 경우가 많기 때문이다.

문제라는 것은 앞에서 말한 조건들을 한 개도 충족하지 않는 것을 말한다. 나의 코칭 방법은 아무 데나 보내는 것이 아니라 나의 수강생 중 1등 하시는 분과 매칭을 시켜주는 것이다. 그러다 보면 실력이 월등히 올라가게 된다. 식사도 같이하고 커피도 같이 마시며 궁금한 것도 물어보기도 한다. 내가 미리 전화 한 통 해놓기 때문에 더 잘 알려주는 것 같다.

"○○○님이 면접 가시니까 잘 좀 부탁드려요. 리쿠비는 반반으로 하시고 식사도 자주 함께하세요. 노하우도 많이 알려주시고요."

이 한마디가 얼마나 큰 힘을 발휘하는지는 나도 몰랐다. 수강생 중 10기에 강 선생님이라고 계셨는데, 인천센터 1등과 매칭을 시켜드렸더니 두 달 정도 적응 기간을 지나고 바로 전체 센터 1등을 하시고 급여로 1,500만 원을 받으셨다.

"강○○님 축하드립니다"라는 인사를 드리고 그쪽 회사로 많은 수강생을 대거 보내드리려고 노력하고 있다. 한 가지만 기억하자. 대부분 잘되는 센터들은 광고하지 않는다. 굳이 광고하지 않아도 회사가 판매하는 상품과 조건이 좋으니 상담원들끼리 소개로 더 들어오지, 나가지는 않기 때문이다.

이런 회사를 알아보는 방법은 위에서 열거한 내용을 바탕으로 꾸준히 발품을 팔아야 한다. 이건 비싼 노하우이니 꼭 자신의 것으로 만들어 억대 연봉자가 되길 간절히 바란다.

가망 고객 관리를 잘하면
단기간에 억대 연봉이 가능하다

가망 고객들은 나를 억대 연봉자로 만들어준다

TM 영업을 잘하려면 상담했던 고객을 어떻게 관리를 하느냐에 달려 있다. 내가 만났던 대부분의 상위권 상담사들은 한 번이라도 통화했던 고객들을 잘 적어놓는 습관이 있었다. 그리고 자주 관리해주면서 계약을 체결하는 모습을 보았다.

"안녕하세요. 전에 통화드렸던 ○○○ 상담사입니다. 잘 지내셨죠?"

가망 고객들을 관리하지 않고 매번 새로운 고객을 만나서 계약을 하러고 하면 매우 힘이 들 것이다. 한번 통화했던 고객의 리스트를 만들어 관리를 잘만 한다면 상대적으로 쉽게 계약을 체결할 수 있을 것이다.

S생명의 전설적인 상담사는 강의에서 이런 말을 했다.
"제가 한 달에 체결하는 계약 중 50%는 가망 고객에게서 나옵니다."
새로운 고객에게는 내 이름과 상품 소개를 처음부터 설명해야 하기 때문이다. 그리고 대부분 고객은 처음 통화에서 계약하는 것을 매우 싫어한다. 처음 통화하는 고객과 원콜로 할 수 있는 상담사들은 매우 한정적일 것이다. 생각만큼 쉽지 않기 때문이다.

내가 생각하는 최상위 상담사는 원콜로 체결하는 계약과 가망 고객에게서 체결하는 계약을 둘 다 완벽하게 소화하는 상담사다. 만약 내가 항상 원콜 계약만 한다면, 그건 매우 힘들게 일하고 있다는 뜻이다. 내 경험상 최소한 두세 번은 통화한 고객들과 계약하는 방법을 터득해야 한다. 그럼, 생각보다 쉽게 억대 연봉으로 갈 수 있을 것이다.

그럼 어떻게 하면 가망 고객을 찾아낼 수 있을까? 나는 수강생들에게 코칭할 때, 여섯 가지를 중점적으로 가르친다. 여기서 그 비법을 오픈해보겠다. 다음의 여섯 가지 고객의 유형을 보고 나의 현재 상담 방법을 점검해보자.

가망 고객 점검법

1. 고객과 몇 분 정도 통화했는가?
2. 고객의 반응은 긍정적이었는가?
3. 상담 시 고객의 질문이 많았는가?
4. 고객의 특이사항은 무엇이었는가?
5. 내가 계약하기 좋아하는 직업이었는가?
6. 통화 후 상담 예약이 잡혔는가?

나의 가망 고객 점검표

구분	0개	1~3개	3~5개	5개 이상
수정 전 하루 가망 고객 수				
수정 후 하루 가망 고객 수				

해당하는 부분에 체크를 해보자.

0개 - 하나도 없다면 문제가 심각하다. 일하는 것이 무의미해질 수 있다.

1~3개 - 열심히는 하는데 원하는 결과가 잘 안 나오게 된다.

3~5개 - 상담을 진행하고 계약은 나오는데 실적이 들쭉날쭉해진다.

5개 이상 - 원하는 결과가 나오고 실적이 상위권에 있게 된다.

한 달에 100명의 고객리스트로
월급 1,000만 원을 만들자

나는 수강생에게 하루에 다섯 명을 꼭 가망 고객을 만들라고 말한다. 그리고 그 다섯 명으로 한 달이면 약 100명의 고객리스트가 만들어진다.

김 작가의 가망 고객 코칭법

1. 고객과 통화 후 통화 내용을 자세히 메모한다.
2. 매일 다섯 명의 가망 고객을 만든다.
3. 한 달에 약 100명의 가망 고객을 만든다.
4. 내가 만든 약 100명의 가망 고객으로 월급 1,000만 원 이상 만든다.

나의 수강생 중 21기 신○○님은 경력이 10년 된 TM 영업 베테랑이시다. 그런데 그분이 6월에 나를 찾아오셨다. 모든 분야에 월등한 상담 실력을 갖추고 계셨지만, 가망 고객을 어떻게 관리하고 계약해야 하는지 그 방법을 찾고자 특강에 오셨다. 그분께 나의 노하우를 알려드렸다. 지금 이분은 2020년 12월 급여를 약 1,200만 원 정도 받으며 센터에서 잘나가는 상담사가 되었다. 그때 내가 알려준 방법은 딱 한 가지밖에 없다.

"가망 고객을 한 달에 100명을 만드세요. 그리고 자주 터치하시면 됩니다."

만약 여러분들이 고객들과 한 번의 통화로 계약하는 데 익숙해져 있다면, 이제는 가망 고객들과 어떻게 소통하는지에 대한 연구를 해야 할 때다. 가망 고객들은 쉽게 말하면 '황금알을 낳아주는 거위'와 같다. 계약을 체결하면 소개도 많이 해주고 추가 계약도 잘하는 편이다. 반면 원콜에 계약한 고객들은 철회율도 매우 높고 소개나 추가 계약은 매우 어려운 단점이 있다.

단기간에 억대 연봉을 받고 싶다면 오늘부터 노트를 준비해서 가망 고객리스트를 만드는 습관을 기르자. 그리고 나의 특강에 오시면 현재의 문제점과 해결책을 더 자세히 상담해드릴 수 있다.

강력한 퍼포먼스는
추가 계약에서 나온다

**추가 계약(업셀링)을 잘하면 어렵지 않게
월급 1,000만 원을 번다**

내가 만났던 상담사들 대부분이 추가 계약을 두려워하는 경향이 강했다. 그래서인지 요즘 한 명의 고객으로 한 건만 계약하는 상담사들이 많다. 이건 매우 잘못된 방법이다. 쉽게 말해 비능률적으로 상담을 진행하는 것이다. 무조건 한 명의 고객과 계약을 체결한 다음에는 두세 건 정도는 추가로 판매가 이루어져야 한다. 그럼 적은 힘으로 많은 계약을 체결하고 억대 연봉자의 반열에 오를 수 있다. 한 명의 고객과 계약을 체결하는 힘이 100이라고 한다면, 추가 계약은 30 정도만 들어가면 된다. 들어가는 힘에 비해 무척 가성비가 좋다고 할 수 있다.

하지만 대부분은 이 좋은 방법을 두고 이렇게 생각한다.

"저는 철회 들어올까 봐, 추가 계약의 말도 못 꺼내고 있어요."

참으로 안타까운 일이다. 생각해보자. 계약을 체결한 이후에 취소가 들어오면 어쩔 수 없는 일이다. 어차피 철회할 고객은 철회하게 되어 있다. 그것이 무서워서 업셀링을 진행하지 못한다면, 문제가 있는 것이다. 이 책을 보고 난 이후에는 무조건 추가 업셀링을 시도해보았으면 좋겠다.

TM 영업의 상위권 상담사들이 잘하는 이유가 바로 이것이다. 그냥 들이대는 습관이 그들을 고액 연봉자로 만드는 것이다. 우물쭈물하거나 자신감이 없으면 고객도 이상하게 생각한다. 무조건 자신감과 열정으로 들이대는 습관을 지니면 된다.

"우창 팀장, 오전에 세 건. 오후에 세 건. 총 여섯 건을 계약했어?"

내가 실장님께 자주 듣던 말이었다. 나는 출근하면 무조건 추가 계약이나 가망 고객과 계약을 체결하고 오후에는 당일 받은 DB를 돌린다. 그럼 좋은 결과로 이어지는 경우가 많았다. 내 경험을 바탕으로 추가 계약할 때 꼭 점검해야 하는 것들을 적어보았다. 해당하는 것이 있는지

표시해보면 큰 도움이 될 것이다.

추가 계약 점검법

1. 고객이 첫 번째 상품에 만족했는가?
2. 추가 계약할 상품 스크립트를 완벽하게 통달했는가?
3. 그 상품의 핵심을 잘 이해하고 있는가?
4. 판매 프로세스(업계 한도 등)를 잘 이해하고 있는가?
5. 고객이 이 상품이 꼭 필요한 이유를 공부했는가?

나의 추가 계약 전 점검표

구분	0개	1~3개	3~5개	5개 이상
수정 전 해당 개수				
수정 후 해당 개수				

 # 해당하는 부분에 체크를 해보자.

0개 - 하나도 없다면 문제가 심각하다. 일하는 것이 무의미해질 수 있다.

1~3개 - 열심히는 하는데 원하는 결과가 잘 안 나오게 된다.

3~5개 - 상담을 진행하고 계약은 나오는데 실적이 들쭉날쭉해진다.

5개 이상 - 원하는 결과가 나오고 실적이 상위권에 있게 된다.

한 건만 계약하는 고객은 없다

여러분이 티셔츠를 사러 쇼핑몰에 있는 옷가게에 들어갔다고 하자. 그럼 티셔츠만 사는가? 아니면 양말이나 티셔츠에 잘 어울리는 청바지나 벨트도 같이 사는가?

물건을 사러 들어간 사람의 원 구매 목적은 티셔츠였다. 하지만 여기저기 둘러보니 마네킹이 입고 있는 옷이 무척 매력적이고 멋져 보이면 구매욕이 급상승한다. 처음에 매장에 들어오는 목적은 티셔츠였지만, 들어와서 한 가지 상품만 구매하고 나가는 고객은 거의 없다. 그에 맞거나 어울리는 상품을 추가로 구매하게 되는 것이다. 그리고 옆에서 거드는 직원의 말이 한몫한다.

"체형이 ○○이시라 이게 잘 어울리실 것 같은데요."

그럼 고객은 어떤 생각이 드는가?

"그래요? 한번 입어봐야지."

그렇게 실행에 옮기게 된다.

TM 영업도 마찬가지다. 우리가 어떤 상품을 판매하든 한번 나를 신뢰하고 계약했던 고객에게는 반드시 추가 계약에 관한 이야기를 해주어야 한다. 앞의 옷가게 점원의 이야기 중 결정타는 두 가지다.

1. 고객의 체형을 보고 맞는 옷을 추천해주었다.
2. 잘 어울릴 것 같다는 칭찬을 해주었다.

TM 영업에서 추가 계약을 잘하려면 고객에게 맞는 상품을 추천해주는 것이 가장 중요하다. 그래야 구매 확률이 올라가게 된다. 고객에게 맞는 상품을 추천해줄 만큼 실력이 되어야 한다. 초보 상담사들이 매우 약한 부분이기도 하다. 이것저것 많이 공부해서 실력을 키우는 것이 중요하다. 그리고 칭찬하는 스크립트를 열 가지 정도 노트에 적어보고 그중에서 가장 적합한 것을 골라 실제로 적용하면 좋을 것이다. 고객을 칭찬해주는 기술은 진심에서 나오는 게 가장 자연스럽다.

내가 아무리 많은 설명을 해주고 조언해준다고 해도 실행해야 득을 볼 수 있다. 내가 밥상을 차려놓으면 숟가락을 뜨는 사람은 바로 여러분이다. 오늘부터 두려움과 걱정은 쓰레기통에 넣어버리고 추가 계약 점검 방법으로 나의 실력을 업그레이드시켜보자.

고액 계약은 억대 연봉으로 가는 지름길

작은 계약부터 마스터하라

여러분이 만약 지금 처음 TM 영업을 한다면 고액 계약에 대한 두려움이 있을 것이다. 보험이든 상조든 주식이든 어떤 TM 영업을 하더라도 기본적인 금액대의 계약에 익숙해져 있을 것이다. 왜냐하면, 고액 계약은 잘못하면 철회나 해지가 될 확률이 매우 높기 때문이다. 취소가 들어오면 타격이 매우 크고, 심하면 그만두어야 하는 경우도 발생하기 때문이다. 어렵게 노력해서 정착했어도 이런 계약들 때문에 신세를 망치는 상담원들이 많다.

고액 계약의 계약 금액을 작은 것부터 큰 것까지 조금씩 늘려나가야 안전하다. 한 번에 큰 금액을 계약하면 무너지는 경우가 많다. 왜냐하면, 기초가 부족하기 때문이다. 상품에 대한 지식과 판매 경험이 적으면 고객에게 초보티가 나게 된다. 그럼 고객은 나를 전문가로 인식하지 않게 된다. 당연히 계약은 물 건너간다.

신입 상담사들이 큰 계약을 하면 지점에서 "야, 대단하네! 축하해"라고 칭찬해주지만, 사실 굉장히 위험한 모험을 하는 것이다. 내가 지금까지 보아온 수많은 상담사들 중 작은 계약 때문에 퇴사하는 경우는 거의 없었다. 큰 계약들이 도미노처럼 무너지고 그 해지 건들로 인해 퇴사하는 경우가 많다.

'저 상담사는 급여가 1,000만 원인데 그만두네?'라고 생각할 수도 있을 것이다. 요즘 같은 코로나 사태나 경기 불황으로 고객들의 해지 요청이 들어왔을 때, 자칫 잘못하다간 그대로 망하게 된다. 이건 자신의 실력 문제라고 볼 수 있다. 판매 방법에 문제가 있다는 것이다. 정확한 데이터나 지식을 가지고 전문적인 상담을 진행하면, 이런 일은 절대로 일어나지 않는다. 내가 12년 동안 수많은 고액건의 계약을 체결했음에도 불완전 판매율이 0%인 이유는 전문가로서 상담을 진행했기 때문이다. 나의 고객들은 지금도 나에게 감사하다는 전화나 문자를 보내오기도 한다.

"즐거운 명절 보내세요."
"이번에 아들이 차를 샀는데 좋은 상품 좀 추천해주세요."

이런 고객들은 충성고객이 되어 일하는 데 큰 보람을 안겨준다. 기초부터 차근차근히 시간을 가지고 계획을 세워라. 그리고 하루하루 그 상품에 대한 이론적인 부분과 여러 사례를 공부하라. 최소한 3개월 정도는 기초를 튼튼히 하는 시간을 가져야 한다. 그래야 고객의 질문과 거절에 대처할 힘이 생기게 될 것이다. 고객들이 여러분들에게 원하는 것은 한 가지다. '이 상품을 내가 왜 가입해야 하는가'라는 질문에 정확한 답변을 할 수 있어야 한다. 그래야 고액 계약을 쉽게 할 수 있을 것이다. 반드시 시간을 가지고 꾸준히, 그리고 천천히, 너무 조급해하지 말고 공부하는 시간을 가져라. 잘 모르겠다면 나의 특강에 오면 큰 도움을 받을 수 있을 것이다.

저렴한 상담이 아닌, 고급 상담을 해라

어느 정도 상품에 대한 전문적인 지식과 경험이 갖춰졌다면, 생각보다 고액 계약은 쉽게 이루어진다. 12년 동안 큰 계약을 많이 해본 내 경험에 비추어 고객의 성향을 잘 파악해서 진행한다면, 월납 100만 원 이상의 계약들도 쉽게 체결할 수 있다.

자, 한 가지만 물어보자. 내가 청바지를 사러 백화점에 갔다고 치자. 청바지 종류에는 여러 가지가 있을 것이다. 일반적인 가격대의 청바지와 고가의 청바지가 있다고 하자. 그럼 대부분 사람은 일반적인 청바지를 고를 것이다. 그리고 일부분의 사람들이 고가의 청바지를 구매할 것이다. 청바지 가게 종업원이 어떻게 말하느냐에 따라 고객은 일반적인 청바지를 구매하게 되기도 하고 고가의 청바지를 구매하게 되기도 한다. 예시를 통해 어떤 종업원에게 구매할 것인지 생각해보자. A 종업원과 B 종업원의 판매 방식이다.

어떤 청바지 보러오셨어요? (아주 사무적이고 무뚝뚝한 표정) 청바지는 이게 가장 많이 나가는 스타일이고요. 가격대도 저렴하고 스판덱스 기능도 들어간 ○○ 청바지가 잘 어울리시겠네요.

안녕하세요? (친절한 웃음으로 반가운 표정) 찾으시는 청바지 스타일이 있으신가요? 저희는 일반적인 청바지도 있고, 원단이 좋아 오래 입어도 늘어나지 않는 것도 있어요. 가격대는 다양한데 주로 이 가격대가 많이 나가요. 왜냐하면 연예인 ○○가 많이 입고 다녀서 유명해졌거든요. 일반 청바지는 한두 번 입으면 늘어나고 세탁하면 변형이 오잖아요? 입다 버리는 경우가 많은데, 이건 그런 게 아니라 오래 입고 여자분들이 좋아하는 스타일이에요. 고객님 체형이 ○○이라 이게 고객님께 잘 어울릴 것 같네요.

어떤 종업원에게 물건을 구매할 것인가?

나 같은 경우는 B 종업원에게 구매할 것 같다. 일단 구매하기 전의 태도가 맘에 든다. 밝게 웃는 얼굴로 다정하게 맞이하는 사람을 싫어할 사람은 없다. 그리고 옷에 대한 전문 지식을 가지고 있다. 원단의 차이와 세탁법, 그리고 스타일까지 고려해서 말하는 종업원에게 구매하지 않을 고객은 찾기 어려울 것이다. 이런 종업원을 사장이 가만히 둘까? 아니다. 분명 매니저나 부점장으로까지 승진해서 그 옷가게의 중직을 맡을 가능성이 매우 크다.

'나는 왜 안될까?'라는 고민은 이제 그만하자. 내가 고객에게 지금 어떻게 상담하고 있는지를 먼저 분석하면 안 되는 이유가 분명해진다. TM 영업을 하면서 청바지를 판매하는 종업원에게도 배울 점이 분명히 있다. 나의 상담이 너무 저렴하지는 않은지 고민해봐야 한다. 전문지식으로 무장했는지도 생각해봐야 한다. 이러한 고민과 생각이 없이 고액 계약을 하겠다는 것은 어떤 고객에게도 환영받지 못할 것이다.

나의 고액 계약 판매 방법에 대한 몇 가지 점검표를 작성해보자.

고액 계약 점검법

1. 고액 계약에 대한 전문 지식을 공부하고 있는가?
2. 고액 계약을 하기 전에 작은 계약을 마스터했는가?
3. 고액 계약에 대한 두려움을 잘 극복하고 있는가?
4. 판매 프로세스(상품에 대한 한도 등)를 잘 이해하고 있는가?
5. 고객이 고액 계약을 해야 할 정확한 이유를 알고 있는가?

나의 고액 계약 전 점검표

구분	0개	1~3개	3~5개	5개 이상
수정 전 해당 개수				
수정 후 해당 개수				

해당하는 부분에 체크를 해보자.

0개 - 하나도 없다면 문제가 심각하다. 일하는 것이 무의미해질 수 있다.
1~3개 - 열심히는 하는데 원하는 결과가 잘 안 나오게 된다.
3~5개 - 상담을 진행하고 계약은 나오는데 실적이 들쭉날쭉해진다.
5개 이상 - 원하는 결과가 나오고 실적이 상위권에 있게 된다.

앞의 표를 자주 들여다보며 나의 현재 상태를 잘 연구해보고 수정 후 해당 개수를 늘려나가라. 그럼 고액 계약에 대한 자신감이 생길 것이다. 그리고 큰 계약들이 하나둘씩 쏟아질 거라 확신한다.

생초보가 억대 연봉 받은 6가지 사례들

인천 9기, 심○○님 사례
"1년 동안 약 9,000만 원 넘게 벌었어요."

헤매던 중 나를 만나 억대 연봉자로

"이번 달 우리 회사 전체 2등이 되어, 이번 달 1,000만 원 이상 받았습니다. 작가님 덕분에 완전히 마스터되어서요. 아주 자신 있습니다. 작가님 만나면 인생이 바뀐다는 말이 맞는 거 같아요. 사실 작가님 만나기 전에는 반론이 많이 부족했는데 이제는 완전히 날아다닙니다. 10월 급여 1,000만 원 인증입니다. 작가님 노하우라 가능하네요. 앞으로 계속 잘 부탁드려요. 8월, 9월, 10월 해서 3개월 동안 3,000만원 받았습니다."

<인천. 심○○님>

이분은 인천에 계신 나의 수강생이고, 나를 만난 이후로 매달 거의 1,000만 원 넘게 벌고 있다. 처음 나를 찾아온 때가 2019년 12월 4일이다. 지금으로부터 약 1년 전으로 거슬러 올라간다. 그 당시 내 기억으로 이분은 무척 고민이 많던 분이셨다. 열심히 노력은 하는데 실적은 안 나오고 계약을 잘하다가 갑자기 또 계약이 안 나오고 하던 분이셨다. 그 해결책을 찾기 위해 여기저기 알아보던 중, 나의 전작인 《청년 백수에서 억대 연봉 콜센터 팀장이 된 비결》을 보고 나에게 연락을 주셨다. 그리고 상담을 통해 나의 특강에 참석하게 되었다.

그녀는 처음 특강을 듣고 등록하기 전까지 나를 무척 의심했던 기억이 난다.
"이거 정말 믿어도 될까요?"
"혹시 안 되는 예도 있나요?"

누구나 처음 무언가를 시도한다는 것은 무척 어려운 일이다. 하지만 특강을 듣고, 내 책을 보면서 그녀는 180도 달라졌다. 언제 그랬냐는 듯이 배우려는 열정으로 가득 차 있었다. 특강을 듣고 등록을 하고 코칭이 시작되자, 매주 감탄의 연속이었다고 나에게 털어놨다.

"어떻게 이런 노하우를 공개하시나요?"

"주시는 스크립트가 너무 대박이네요."

내가 최선을 다해 코칭을 하니 그녀도 최선을 다해 수강했다. 그 결과, 현재는 매달 900만 원에서 1,000만 원을 받고 있다. 시책까지 하면 더 많은 급여를 받을 것이다. 그녀가 앞으로 벌게 될 수익은 10년만 잡아도 거의 10억 원이 넘어간다. 나를 만나 제대로 코칭을 받고 열정적으로 하니 일반 직장인은 꿈도 못 꾸는 10억 원대의 자산을 가지고 집을 몇 채씩 살 수 있는 재정적 능력이 생긴 것이다.

그녀의 성공 비결 5가지 공개

내가 1년 정도 지켜봐온 9기 심○○ 님의 성공 비결을 정리해보고자 한다. 다섯 가지 정도로 요약할 수 있다.

첫 번째, 다른 직업은 생각도 안 하고 오직 TM 영업으로 성공하겠다는 열정이 있었다.

한마디로, 한눈팔지 않고 한 가지에만 몰입하고 최선을 다하면 열정이 생기고, 적응되면 실력이 늘게 된다. 그 열정에 고객이 감동하고 계약이 체결되는 원리를 터득한 것이다. 대부분의 상담사가 상담을 진행하면서 실수하는 것이 바로 이 부분이다. 집중하지 않고 다른 데를 알아본다든지, 아니면 다른 사람의 실적을 보고 절망에 빠지는 것이다. 그러다 보니 대충 시간만 보내고 간다고 생각해서 실력이 늘지 않는 것이다. 성공하고자 하는 강력한 열망이 있는 자세가 우선이다.

두 번째, 배우는 데 열정적으로 임했다. 과제를 잘했다.

이분은 무척 열심히 시키는 대로 잘 따라오셨던 분이셨다. 노트에 필기하면서 정성을 다해 수강하는 자세가 참으로 보기 좋았다. 글자도 빨리 못 써서 강의를 평소보다 천천히 진행해야 했다. 그리고 과제를 자주 잘했던 분이셨다. 나는 코칭할 때 수강생의 문제점을 해결할 수 있는 과제를 내준다. 그리고 그 과제를 하면서 자연히 해결되는 신기한 경험을 하게 하다. 그럼 자연히 월급이 두 배, 세 배 이상 오르게 된다.

세 번째, 자신의 비법을 수강생들에게 한 개라도 더 알려주려고 노력했다.

이분은 나눠주기를 좋아하는 성격이었다. 어떤 것을 자기가 가지고 있으면 수강생들에게 전해주고 싶어 하는 따뜻한 마음을 가지고 있었다. 코치로서 무척 기분 좋은 일이다. 그런 수강생을 어떻게 미워할 수 있을까? 그래서 더욱 많은 노하우를 전해주었고 실적도 많이 늘게 되었다. 이심전심이라는 말도 있지 않은가? 세상에 많은 직업이 있지만, TM 영업을 하면서 이런 자세로 일하면 반드시 복이 산더미처럼 굴러 들어 오게 된다.

네 번째, 카페 활동을 하고 김 작가와 카톡을 자주 주고받으며 현재 문제를 상담받았다.

나는 네이버에서 '한국텔레마케팅코칭협회'라는 카페를 운영 중이다. 2019년 9월에 만들어졌고 지금까지 수십 명의 억대 연봉자가 탄생하게 되었다. 코칭을 실시간으로 오픈하고 있고, 수강생들의 문제를 해결하는 일도 병행하고 있다. 9기 심○○님은 카페 활동을 무척 열심히 하셨던 분이셨다. 수업을 듣다가 질문이 생기면 카페나 카카오톡 메시지를 통해 바로 해결하려고 노력했다. 다른 사람들처럼 감 떨어질 때까지 기다리는 게 아닌, 적극적으로 수업에 임하셨던 분이셨다. 그렇게 자신의 문제점을 해결하니 계약이 쏟아지게 되었다.

다섯 번째, 마인드 콘트롤을 잘했다.

이분은 신앙을 가지고 계셨던 분이셨다. 독자 여러분 중에서 신앙을 가지고 계신 분과 아닌 분이 계실 거라 생각이 된다. TM 영업은 잘 나갈 때는 상관이 없는데 힘들 때가 문제다. 이때 마인드 컨트롤을 잘못하게 되면 무너지게 된다. 실적만 무너지는 게 아니라 건강까지 해칠 수 있어서 멘탈 관리를 철저하게 해야 한다. 이분은 하나님께 기도하는 시간을 귀하게 생각했고, 항상 좋은 멘탈을 유지하는 데 큰 도움을 받게 되었다. 만약, 신앙이 없으신 분들은 전문가의 도움을 받는 것이 매우 중요하다.

여러분들에게는 꿈이 있을 것이다.
"10년 안에 10억을 벌고 싶어요."
"빚더미에 앉아 있는데 빨리 청산하고 싶어요."
"결혼하고 싶은데 돈이 없어요."
이런 꿈을 가지고 계신다면 잘 찾아왔다. 많은 직업이 있지만, 여름에는 시원한 에어컨에 앉아서 고액 연봉을 받는 직업은 오직 TM 영업밖에 없다고 생각한다.

여러분도 나를 믿고 나의 특강에 참석해보기를 바란다. 궁금하면 문자로 주셔도 좋다. 나의 전화번호는 010-8126-5016이다. 친절하게 안내해드릴 것이다. 용기를 잃지 마시고 배우는 노력을 통해 꼭 억대 연봉의 반열에 올라가기를 기대한다.

인천 10기, 강○○님 사례
"8개월 동안 꼴등을 하다가 전문가 만나 1등"

암 투병 중 코칭받고, 급여 1,500만 원

"저는 전체 계약 중 암보험이 30%, 수술비가 70% 비중으로 하고 있는데, 첫 달은 월납 계약 금액 50만 원 정도, 둘째 달은 80만 원, 이번 달은 100만 원까지. 이제 안정권으로 갈 것 같습니다."

<인천, 강○○님>

이분이 나를 처음 찾아오셨을 때는 2020년 2월이었다. 특강을 듣고 바로 이런 말씀을 하셨던 기억이 난다.

"작가님, 수강할게요. 저 좀 도와주세요."

네이버 카페 '한국텔레마케팅코칭협회'에서는 TM 영업을 하시는 분들의 실력 향상을 위해 7주 과정을 운영하고 있다. 이분은 주변 소문을 듣고 오셨다고 했다. 살려달라는 말을 자주 듣는데, 이분의 경우는 매우 절실했다. 열정에 넘친다는 표현보다 간절하다고 표현해야 맞을 것 같다.

수강 후 본격적인 코칭이 시작되었다. 그런데, 2월부터 5월까지는 아무런 수강 효과가 나타나지 않았다. 다른 수강생들은 펄펄 날아다니며 억대 연봉을 받지만, 이분은 매우 힘들어하셨던 기억이 난다. 코칭해드려도 잘 따라오지도 못하시고 정신적 혼란 상태에서 헤매셨다. 3개월 동안 수업도 잘 못 쫓아오시고 매우 힘들어하셨다.

알고 보니 암 수술을 하셨던 분이라 몸이 정상인보다 좋지 못하셨다. 항암치료를 하면서 강의를 듣다 보니 체력적인 한계가 온 것이다.

'이걸 어떻게 코칭해야 할까….'
나 또한 멘탈 붕괴 상태가 오다가, 갑자기 이런 생각이 떠올랐다.
'아, 잘하는 수강생과 매칭을 해주자.'

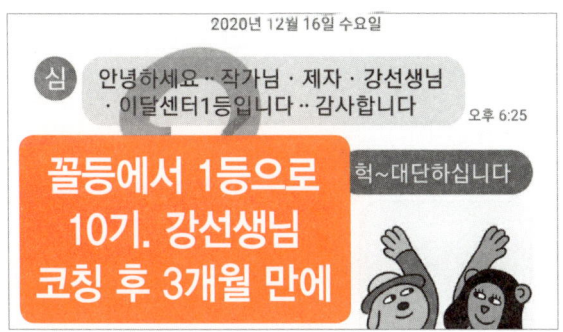

신의 한 수, 1등과 매칭

여기저기 수소문한 끝에 같은 동네에 사는 분이 계셨다. 그분께 부탁을 드려보았다.

"수강생 한 분이 계시는데 거기 회사로 면접을 볼 수 있게 부탁드립니다. 리쿠르팅비는 반반 하시고요."

같이 일하도록 중간에서 다리를 놓아드렸다. 2월부터 5월까지 힘드셨지만, 6월부터 긍정적인 변화가 나타나기 시작했다. 나는 이런 매칭을 '회사 코칭'이라고 한다. 스킬적인 부분도 중요하지만, 옆에서 끌어주는 사람이 없다면 매우 적응하기 힘들기 때문이다. 이분은 회사 상담 후 점점 실력이 발휘되기 시작했다. 그리고 12월 25일에 급여 1,500만 원으로 센터 1등을 해버리셨다.

감동적인 드라마 한 편을 보는 것 같은 심정이었다. 그렇게 아픈 몸을 이끌고 해내는 것을 보니 인간승리가 아닐 수 없다는 생각이 들었다. 이건 기적과 다름없는 일이었다. 본인도 매우 놀랐다고 말씀하셨다.

끝까지 매달리면 좋은 날이 반드시 온다

나는 사실 수강생들이 누가 어떻게 될지 감이 오지 않는다. 못하고 헤매던 분들이 갑자기 잘하기도 하고, 잘하던 분들이 갑자기 힘들어하는 것을 수십 번 경험했기 때문이다. 중요한 건 강○○님은 끝까지 나의 손을 놓지 않았다는 사실이다.

"살려주세요, 작가님. 저는 꼭 성공해야 해요. 여기 아니면 저는 갈 곳이 없어요."

눈물 없이 볼 수 없는 한 편의 드라마 같았다. 강○○님은 그런 분이셨다. 몸도 안 좋아 병원에서 수술도 하셨던 터라 더 걱정되었다. 하지만 여기서 반전이 있었다.

"내가 여기서 뼈를 묻으리라."
"될 때까지 해보리라."

이런 수강생은 안될 수가 없다. 이런 분은 평생 돈 걱정 없이 살 수 있다. 이 글을 보고 계시는 독자님들도 깊이 새겨들어야 한다. 나는 여러분의 실력을 보지 않는다. 끈기를 본다. 이분처럼 8개월 동안 매달리는 끈기를 보여준다면, 내가 생명을 걸고 코칭해드릴 용의가 있다.

지금부터 이분이 1등 하게 된 이야기를 알아보자.

나는 수업하기 전, 강○○님께 버킷리스트를 작성하도록 했다. 다음은 이분이 쓴 버킷리스트다.

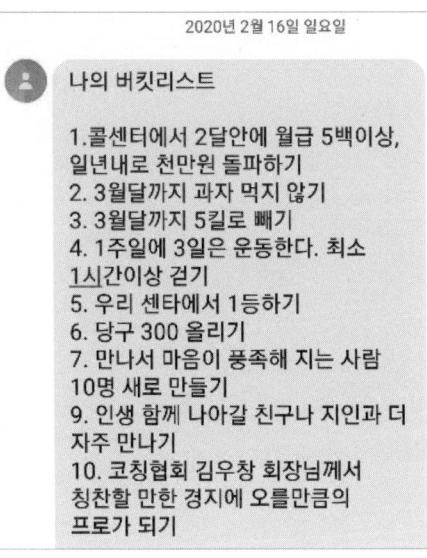

이루어졌는가? 안 이루어졌는가?

거의 다 이루어졌다. 아니 초과 달성했다. 이분은 그 당시 버킷리스트를 작성만 했지, 아무런 일도 일어나지 않았다. 무려 3개월 동안 말이다. 하지만 결국 이루어내셨다. 꿈과 목표를 적고 가지고 있는 게 중요한 게 아니라, 이루어질 것이라는 확신과 자신감으로 하루하루 살아야 한다. 그것을 위해 부단히 움직이면 자동으로 이루어지게 된다.

의정부 31기, 이○○님 사례
"수강 10일 만에 급여 1,300만 원"

나를 3개월 동안 지켜보셨던 분

"우리 김우창 작가님, 고마워요. 당월 위촉인데 센터 1등 찍고 부상으로 공기청정기 받아요. 급여는 1,300만 원 정도 될 듯해요."

<의정부, 이○○님>

이분은 의정부에 살고 계신 분으로, 5월에 처음 연락을 주셨다. 약 3개월가량 나를 지켜보셨던 것 같다. 요즘 하도 이런저런 사기꾼들이 많다 보니 나도 특강 듣고 그냥 가시는 분들의 마음을 이해한다.

'이게 진짜 제대로 알려주는 건가? 그냥 사기 아닌가? 몇 달 만에 천만 원씩 받게 해준다고? 말이 되나?'

나를 찾아오시는 분들의 90%는 이런 생각을 하신다. 당연하다. 내가 예수님도 아니고 어떻게 자기가 가진 것을 전부 다 공개한단 말인가? 하지만 여기는 진짜다. 평생에 한 번 만날까 말까 하는 귀인이라고 해도 손색이 없을 것이다. 대부분 상담자의 고민을 해결해주고 통장에 돈을 채워주니 말이다.

여튼 중요한 점은 이○○님은 여기가 어딘지 약 3개월간 탐색전을 펼치고 결국 수강하기로 마음을 먹었다는 것이다. 그 결과, 지금 어떻게 되었나?

성공하는 사람들의 특징은 실행력에 있다. 아무리 밥상이 잘 차려져 있더라도 숟가락을 들고 먹어야 나에게 도움이 된다. 이○○님은 실행력이 무척 강한 분이셨다.

첫 특강일이었던 8월 22일에 특강이 아직 끝나지도 않았는데 이○○님은 "나 등록할 거예요"라며 서두르셨다. '아니 특강도 안 끝났는데 등록한다니?' 역시 떡잎부터 알아볼 수 있는 법이다.

성공자들의 DNA는 실행력으로 이루어져 있다

나는 사실 그때 이분이 성공하리라는 것을 느낌으로 알아차렸다. 성공하는 사람들은 거의 모두 바로 실행하는 능력을 갖추고 있다. 쉽게 말하면, 성질이 매우 급하다. 단점도 있지만, 성질 급한 건 매우 큰 장점이다. 대한민국을 초일류 국가로 만든 원동력이기도 하다. 특강이 끝나자마자 바로 계약서에 사인했다.

- ▶ 카페 가입 : 5월 5일
- ▶ 첫 특강 : 8월 22일
- ▶ 수강 시작 : 9월 19일
- ▶ 급여 1,300만 원 확정 : 9월 29일

불과 수강 시작한 지 열흘 만에 1,300만 원이라는 놀라운 실적을 달성했다.

그 비결에 대해 알아보자. 이분에게는 몇 가지 특징이 있었다.

1. 한번 한다고 결심하면 바로 실행하는 매우 빠른 실행력
2. 시키지 않아도 교재 공부
3. 김 작가의 특급 자료 공부
4. '멀어서 못가요…'가 아니라 차를 끌고라도 가는 의지
5. 운동에 투자
6. 매일 감사 일기 쓰기

여러분들도 똑같은 상담사이고, 더 큰 잠재력과 능력을 갖추고 있다. 이○○님만 잘되라는 법은 없다. 이 글을 읽고 좌절하라는 말이 아니다. '나도 할 수 있다'라는 자신감을 가지라는 이야기다. 안되는 이유를 찾지 말고 자신감을 가지고 나의 문제의 원인을 집중적으로 찾아야 한

다. 그리고 그 문제를 가지고 끙끙 앓지만 말고 전문가를 찾아가 해결을 받아야 한다. 그럼 어떤 일이 벌어질까?

나의 문제가 서서히 한 꺼풀씩 벗겨지는 기분이 들기 시작한다. 그리고 전에는 느껴보지 못한 희열을 느끼게 된다. 10년 동안 막혀 있던 속이 뻥 뚫리는 기분을 가지게 된다. 그럼 그다음부터는 승승장구하면서 실적이 올라가는 것을 즐겁게 바라보며 행복한 삶을 살면 된다.

그러려면 먼저 이분이 했던 방법을 그대로 자신에게 적용해보기 바란다. 그렇게 여러분도 월급 1,000만 원 이상을 달성해보기 바란다.

부산 33기, 박○○ 님 사례
"수강 43일 만에 전체 1등"

비행기 타고 나를 만나러 오셨던 분

"작가님, 잘 지내시죠? 교육의 힘인지 11월 센터 1등 했어요. 센터 1등이 부동이었는데 2년 만에 제가 하게 됐습니다. 작가님 덕분이에요. 오늘 센터에 던킨도너츠 쐈습니다. 감사드립니다."

<부산, 박○○님>

이분이 나를 알게 된 계기가 재미있다. 어느 날 일하던 중에 퇴사자가 내 책을 주고 갔다고 하셨다.

"언니, 이거 한번 읽어봐."

"뭔네?"

그분의 표현을 빌리면, 깜짝 놀라셨다고 한다. 아니, 이렇게 좋은 책이 있냐고 되물으면서 무척 흥분을 감추지 못했다고 하셨다. 왜냐하면, 대부분 연도 대상자들은 비법 공개를 꺼리기 때문이다. 이유는 여러 가지가 있지만 가장 큰 부분은 귀찮기 때문일 것이다. 그리고 비법을 알려주어도 본인에게 돌아가는 손해가 크기 때문에 그렇다.

나의 소문을 듣고 박○○님은 바로 행동했다. 냉큼 네이버에 나를 검색해보고, 유튜브도 보고, 특강도 듣게 되셨다고 한다. 그 후 어떻게 되었을까? 박○○ 님은 부산에서 가장 잘나가는 상담사가 되셨다.

내가 경험해본 두 종류의 상담사들

나의 책이나 강의를 듣고 오는 상담사들은 두 가지 부류로 나뉜다.

1. 열정적으로 뭔가를 해내고 싶은 마음이 생긴 부류
2. '그건 네 얘기고' 하면서 자포자기하는 부류

나의 강의나 책을 보고 어떤 분들은 10년 동안 10~20억 원을 벌고 떵떵거리며 잘사는 반면, 어떤 분들은 현재에 만족하고 안주하며 하루하루 신세 한탄만 하면서 산다. 무슨 차이일까?

바로 '자신을 얼마나 사랑하는가?'에 달려 있다. 자신을 저능아 취급하는 게 아니라 천재라고 생각하며 항상 자신감에 충만해 있다는 것이다. 자신을 남보다 더 잘 돌봐주며 사랑하다 보면 세상도 나를 귀하게 생각한다.

나도 나 자신을 무능력한 사람이라고 생각했던 적이 있다. 하지만 내 경험상 그런 생각은 빨리 쓰레기통에 넣어야 한다. 나를 사랑할 때, 돈과 재물과 행복과 사업 번창, 관계 회복, 힐링 등 수만 가지 좋은 일들이 생긴다.

나를 사랑할 때 나타나는 특징이 있다.

1. 값싼 영양가 없는 음식보다 질 좋은 고급 영양식을 먹게 된다.
2. 자신의 시간을 황금같이 귀하게 생각하게 된다.
3. 돈이 전부는 아니지만, 행복한 생활에 지장이 없을 만큼 벌고 싶어진다.
4. 지렛대의 원리를 잘 이용한다(적은 힘으로 많은 소득).
5. 가난한 인간관계가 아닌 나를 성장시켜줄 인간관계를 찾게 된다.
6. 돈을 버는 목적이 나의 성공도 있지만, 사회에 이바지한다고 생각한다.
7. 건강 관리를 하게 되고 운동이나 건강을 해치는 습관은 정리한다.
8. 명확한 목표를 가지고 거주지를 더 좋은 환경으로 바꾼다.

아래는 나를 만나러 온 이○○님의 히스토리다.

▶ 일대일 상담 : 10월 12일
▶ 센터 1등 : 11월 30일

이○○님이 나를 만난 지 불과 40일 만에 벌어진 일이다. 내가 연도 대상도 못 받고 사기 치며 가르치는 사람이라면, 이런 일은 일어나지 않을 것이다.

나는 수백, 수천 번을 실패와 좌절과 망하는 경험을 했던 사람이다.
그래서 대부분 일대일 상담을 하면, '아, 이분은 될 것 같다', '아, 이분은 안 될 것 같다'라는 느낌이 온다. 중요한 건 박○○님은 결단력이 아주 강했다는 점이다.

'누군가가 나를 성공시켜주겠지?'라는 생각은 빨리 버려야 한다. 나도 그런 생각을 했던 적이 있다. 결과는 남 탓이 수백 가지 나온다. 실장 탓, DB 탓, 부모 탓, 친구 탓, 배우자 탓 등등, 이것은 내 경험상 망하는 가장 빠른 길이다.

내가 하고 싶은 이야기는 '살다 보면 언젠가는 이루어지겠지'가 아니다. '김 작가를 만나면 나도 할 수 있을 것이다'라는 강력한 신념과 동기를 가지라고 말하고 싶다.

여러분도 이글을 보고 시간이 되신다면 특강에 참석해보시길 강력히 추천한다. 집에서 원격수업도 가능하니 꼭 한번 들어보고 인생을 바꿔보시길 바란다. 집도 사고, 차도 사고, 좋은 가정도 꾸리고, 결혼도 하는 등, 실제로 많은 수강생의 인생이 바뀌었다고 말해주고 싶다.

생각해보자. TM 영업은 한번 배우고 나서 몇 달 하다 끝나는 게 아니다. 10년만 잡아도 10억 원 이상을 벌게 된다. 단, 열심히 한다는 가정하에 말이다.

나만큼 TM 영업을 잘 가르치는 곳이 없다고 자부한다. 부디 돈 날리고 망하지 마시길 기도하며 꼭 특강에 오시길 바라는 마음으로 이 글을 쓴다.

부산 25기, 이○○님 사례
"두 달 고민하다 수강 후 매일 5건"

두 달 동안 연락이 안 되던 수강생님 대박 터지다

"퇴근 전, 한 건 더해서 오늘 총 다섯 건이고요. 36만 원으로 센터 2등입니다."

<부산 이○○님>

나의 특강을 5월에 듣고 두 달 동안 고민하던 이○○님 이야기다. 경남에 계셔서 특강에 직접 오지 못하시고 원격으로 진행했었다. 바로 결정하지 못하시고 무척 고민이 많으셨던 분이셨다. 지방에 계신 분들은 직접 오지 못하시니 맘고생이 심한 것 같다. 서울에서 가깝고 교통이

편하게 되어 있어도 이것도 멀다고 하시는 분들이 계신다. 지방 계신 분들보다 좋은 조건임에도 왜 열정을 가지고 하지 못할까?

이분은 두 달이라는 시간 동안 연락이 안 되셨던 분이라 사실 포기했던 케이스다. 만약 코칭을 받았더라면 매달 500만 원 이상 더 벌 수 있었을 텐데 고민하느라 총 1,000만 원을 손해 본 것과 같다. 나를 만난 수강생들은 코칭하기 시작한 순간부터 수익이 나기 시작한다. 그래서 결정이 늦어질수록 손해를 보게 된다.

2020년 나의 강의를 열심히 들었던 수강생들의 급여가 평균적으로 네 배 정도 늘었다. 어떤 분은 일곱 배 정도 늘었다. 열심히 하는 상담사와 대충하는 상담사와는 반드시 차이가 나게 되어 있다. 이건 아주 당연한 결과다.

암튼 그녀가 등록을 결정하고 7월 코칭 시작이 되었다. 지금 기억나는 것은 그녀의 태도였다. 하루 30분은 오로지 내가 시키는 과제만 했다. 깜짝 놀랐다. 이렇게 열심히 하는 수강생은 아직 본 적이 없었다. 그 결과, 이렇게 되었다.

왜 나를 만나는 수강생들은 억대 연봉을 받는가?

나는 어릴 적 아버지가 직장인이자 서예가이셨던 영향으로 글 쓰고 가르치는 쪽으로 발달하지 않았나 생각해본다. 내 사주에도 나무 목(木) 자가 있어 교육으로 가면 좋다고 했던 기억이 난다. 결정적으로 내가 12년 TM 영업으로 억대 연봉 받은 사람이라 남들보다는 더 잘 가르칠 수 있는 것 같다.

물론 억대 연봉 상담사들이라고 모두 다 전문가는 아니다. 반드시 '성공시킨 경험이 있는 상담사인가?'를 따져봐야 한다. 그래야 그 사람의 코칭 실력이 최상급인지 아닌지 알 수 있다. 그냥 일만 잘하는 사람은 코칭 실력이 형편없을 가능성이 크다. 내가 잘 아는 이유는 내 주변에도 억대 상담사가 많기 때문이다. 그들 중 사기로 판매하고 도망가는 부류도 많이 보았다. 일명 먹튀족이다. 수수료만 받고 바로 그만두는 것을 말한다. 회사에서도 이런 상담사들을 감시 대상 명단으로 걸어놓고 다시 입사하지 못하도록 막고 있다.

그럼 나에게 코칭받은 이○○님의 다섯 가지 특징을 알아보자.

첫째, 텔레마케팅, 심리학, 자기계발 등 관련 서적을 자주 본다.
책을 보면 자신의 의식이 상승하는 것을 느낄 수 있다. 사물을 볼 때 더 깊이 생각하게 되고 말할 때 더 깊이가 느껴진다. 그럼 TM 영업을 할 때 매우 효과적인 발전을 기대해볼 수 있게 된다. 상담의 전반적인 느낌이 상당히 고급스러워진다. 그럼 당연히 고객도 나를 신뢰하게 되므로 계약이 더 잘 나오는 효과를 볼 수 있다.

둘째, 하루 30분 이상 일정 시간 과제를 한다.
상담사마다 모두 다른 문제를 가지고 있다. 어떤 분은 DB 문제, 어떤 분은 회사 문제, 어떤 분은 클로징 문제, 어떤 분은 도입 문제 등등. 나는 상담 후 문제에 대한 피드백을 통해 7주 동안 거의 매일 코칭을 해준다. 그럼 상담 능력이 매우 향상되고 결과가 바로 나오기 때문에 많은 상담사가 억대 연봉을 받고 있다.

셋째, 수입의 20%는 세미나 강의 등 몸값 올리기에 투자한다.

예전에 치아가 아파 치과를 방문한 적이 있었다. 잡지를 보는데 부동산으로 약 100억 원대 자산을 이룬 고수의 기사가 실렸다. 그분의 말에 따르면, 자신이 부자가 될 수 있었던 이유는 두 가지를 철저히 지켰기 때문이라고 한다. 수입의 10%는 기부하고, 수입의 20%는 자기계발로 책이나 강의에 투자한다. 그럼 당연히 고급 교육을 받게 되고 자기계발을 하니 당연히 수입이 늘어나게 되는 것이다.

이것은 일반 직장인들에게도 해당되고 우리와 같은 TM 영업을 하는 사람들에게도 해당하는 내용이다. 나는 그 잡지를 보고 머리를 꽝 얻어맞은 느낌이 들었다. 그래서 비싼 강의들도 듣기 시작했고, 연봉도 많이 오르게 되었다. 그래서 지금도 수강생들에게 책을 보고 강의에 투자하라는 조언을 아끼지 않고 하게 된다.

넷째, 자신에게 주어진 목표를 매달 설정한 후 노력한다.

자신의 목표를 설정하는 것은 매우 중요하다. 목표가 없으면 자동차가 내비게이션 없이 달리는 것과 같다. 목적지가 없으니 하루하루가 지루하고 아무 데나 가게 되니 성취감도 없다. 요즘 욜로족이라는 신조어가 생겨 안타깝다. 하루 살다가 가는 하루살이도 아니고 말이다. 자신에게 주어진 목표를 달성하기 위해 무언가 할 때, 삶의 질이 높아지고 더 행복한 삶을 살게 되는 것이다.

여러분들이 텔레마케팅으로 성공하고 싶다면 반드시 실천해야 할 것이 있다.

"내가 TM 영업으로 벌고 싶은 액수를 정하라."

이 방법은 수많은 성공자에 의해 검증된 것이다. 그리고 철저한 준비로 부딪혀보라. 안 되면 전문가를 찾아 나서길 바란다. 그럼 10년, 20년을 고생할 일이 사라지는 신기한 경험을 하게 된다. 맨땅에 헤딩하다 그만두는 일은 절대 발생하지 않을 것이다.

부산 30기, 이○○님 사례
"이직을 심각하게 고민하시던 분이 수강 후 처음으로 계약 5건 체결"

나를 만나러 전국에서 비행기 타고 찾아오는 이유

"작가님 오늘 처음으로 다섯 건 했습니다."

<부산 이○○님>

예전에는 서울, 경기권에서 나를 많이 찾아오곤 하셨다. 그런데 지금은 전국에서 찾아오고 계신다. 부산, 광주, 김해, 양산, 제주도, 목포, 장흥 등등 멀리서 비행기를 타고 오시거나 KTX를 타고 오시기도 한다. 정말 감사하다.

나를 만나러 멀리서 오신 분들을 위해 무엇을 해드릴 수 있을까? 내가 항상 하는 고민이기도 하다. 그래서 이분들의 문제를 자세히 듣고 해결해드리려고 진심을 다해 노력한다. 특강 후 일대일 상담을 30분 정도 진행한다. 원래 10만 원을 받고 해드리고 있는데, 이런 분들이 측은해서 현재는 무료로 진행하고 있다. 계속 무료는 어렵고 당분간만 이렇게 해드리고 있다. 그것이 이분들에 대한 최소한의 예의라고 생각하기 때문이다.

부산에 사시는 30기 이○○님도 멀리서 KTX를 타고 오셨던 분이셨다. 매우 성실하신 분이셨고, 수강도 잘 따라오셨다.

나를 처음 찾아오셨을 때 하셨던 말이 생각난다.

"저, 이직을 심각하게 고민하고 있습니다."

TM 영업의 세계는 무척 거친 곳이다. 마치 정글과도 같다고 볼 수 있다. 신입 사원들이 적응하기에는 많은 장애물이 존재한다. 예를 들면, 계약하기, 철회 방어, 스크립트 짜기, 업셀링하기, 보완 처리, 전산 익히기 및 사후 관리 등등…. 이러한 문제들을 하나씩 헤쳐나가기에는 부족함을 많이 느낀다.

나 또한 처음에는 이분과 똑같은 상황에 놓여 있었다. 이분은 도와줄 사람이 있지만, 나는 그때 당시 단 한 명도 나에게 따뜻한 말 한마디 해주는 사람이 없었다. 나는 몇 년 동안 맨땅에 헤딩해야 했지만, 이분은 전문가를 찾아와 그런 수고가 사라지고 실력을 빨리 향상시킬 수 있다. 이 얼마나 행운인가? 나를 만나 월 500만 원만 꾸준히 10년만 벌어도 6억 원이다. 20년이면 12억 원을 벌게 된다는 계산이 나온다.

"일확천금을 벌어주겠다."

이런 곳은 대부분 사기인 경우가 많다. 하지만 나는 성실한 코칭으로 실력을 올려준다. 검증된 시스템을 적용해 돈을 벌게 해주는 정직한 실력가라고 할 수 있다.

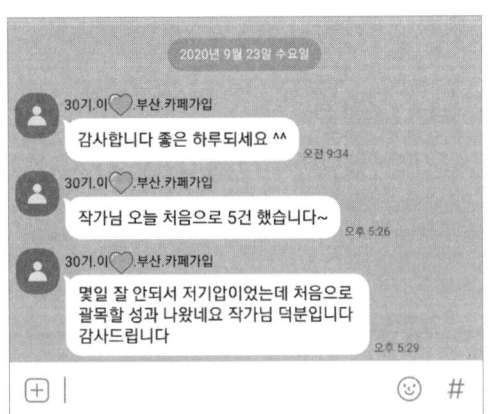

이직을 심각하게 고민하던 분, 하루 5건 하는 분으로 바뀌다

30기 이○○님은 이직을 고민해야 할 만큼 힘드셨던 텔레마케터셨다. 우연히 지인의 추천으로 내 책을 보셨고, 배우려는 열정에 특강을 신청하셨다. 그리고 지금은 계약을 하루에 다섯 건씩 하고 계신다.

이분은 나를 만난 지 불과 10일 정도밖에 지나지 않았다. 10일 만에 억대 연봉을 받을 수 있게 코칭하는 사람이 있는가? 전 세계에서 내가 가장 코칭을 잘한다는 말은 그냥 하는 말이 아니다. 실제로 내가 연도대상을 받았던 노하우로 연도대상을 받게 해준다.

이분의 이야기를 살펴보자.

- ▶ 특강 신청 날짜 : 9월 5일
- ▶ 일대일 상담 : 9월 8일
- ▶ 등록 : 9월 9일
- ▶ 수업 시작 : 9월 12일
- ▶ 하루 5건 계약 시작 : 9월 23일

아무 노력도 없이 이렇게 되기는 힘들다. 수강생의 열정과 나의 코칭이 맞아떨어져야 한다.

이분이 하신 노력과 나의 코칭하는 방법을 잠깐 소개해보겠다.

첫째, 내가 내주는 숙제를 매일 잘 이행하셨다.

이분은 매일 숙제를 아주 잘 소화하셨다. 내가 수강생들에게 숙제를 내주는 이유는 부족한 부분을 채워주기 위함이다. 나의 비법 노트를 이용하기도 하고 다른 자료를 이용하기도 한다. 그럼 그 상담사의 부족한 부분이 채워지고 실력이 향상된다.

둘째. 김 작가의 실시간 코칭을 받았다.

이분은 실시간 김 작가의 코칭을 받았다. 대부분 상담사는 실시간으로 지도받기가 힘들다. 나는 즉각 즉각 카톡으로 코치한다. '~하세요', '~하지 마세요'라는 지령을 내려준다. 그 상담사에게 최적화된 조언을 해준다. 그러니 안될 수가 있을까?

셋째, 추천 도서를 읽었다.

이분은 추천 도서를 많이 읽었다. 내가 수강생들에게 추천 도서를 읽히는 이유는 여러 가지가 있지만, 대부분 정신적인 부분 때문이다. 만약 내가 라면을 끓여 먹으라고 한 봉지를 주었다고 하자. 끓여 먹어야 하는 이유를 모른다면, 그 라면은 조만간 쓰레기통으로 들어가게 될 것이다. 추천 도서는 왜 수강해야 하는지에 대한 지혜가 담긴 책들이다. 그럼 그 책을 봄으로써 더 열정적으로 일하게 되고 집도 사고 차도 좋은 것으로 바꾸게 되는 기적이 일어나게 된다.

넷째, 비법 자료 50장을 독파했다.
이분은 비법 자료를 씹어먹었다고 표현해야 할 만큼 잘하셨다. 잘되는 식당들은 비법 조리법이 있듯이, 나만의 비법 상담 노트가 있다. 이것은 비밀유지계약서를 작성한 수강생들에게만 제공된다. 이것이 가장 핵심적인 상담 비결이기 때문이다. 그럼 혼자 하는 것보다 실력이 열 배는 빠르게 향상되는 것을 많은 수강생들의 사례를 통해 검증되었다.

다섯째, 과제를 열심히 하기 위해 30만 원짜리 볼펜을 구매했다.
이것은 무척 중요한 부분이다. 일반 모나미 볼펜 1,000원짜리로 상담하게 되면 내 상담이 1,000원짜리가 될 확률이 높다. 실제로 해보면 안다. 그래서 나는 무조건 비싼 볼펜을 사라고 한다. 그럼 쓸데없이 하지 않아도 될 말들이 신기하게 하나씩 줄어든다. 이건 경험해봐야 안다.

나를 만나 이렇게 성공하신 분들이 있다는 건 매우 보람되고 기쁜 일이다. 중요한 건 이분이 심각하게 이직을 고민하시던 분이셨다는 점이다. 여러분이 이글을 보고 느낀 점이 있다면, 특강에 참석해보길 바란다. 김 작가를 믿고 온다면 내 생명을 다해 가르쳐줄 것이다.

지금의 선택이 앞으로의 70년을 결정한다

[타이밍]
병원 의사들이 수천만 원짜리 컨설팅을 받는 이유

**부자들은 시간을 단축하기 위해
배우는 데 큰돈을 투자한다**

"작가님, 그냥 열심히 하면 되는 거 아닌가요?"

수많은 사람이 나의 유튜브나 책을 보고 특강을 들으러 오신다. 그 대부분의 사람들이 공통으로 하는 말이 바로 "그냥 열심히 하면 되는 거 아닌가요?"이다.

나는 그분들에게 항상 말한다.

"병원 의사들도 컨설팅을 받습니다. 우리 텔레마케터들도 단기간에 억대 연봉을 받으려면 컨설팅을 받아야 합니다. 그럼 더 빨리 높은 실적을 거둘 수 있습니다. 급여가 올라가고 인생이 바뀌는 경험을 하게 됩니다."

지인 중에는 병원을 전문적으로 컨설팅해주시는 분이 계신데, 서울에서 대구까지 KTX를 타고 회의를 하러 갈 정도로 바쁜 일상을 보내신다. 연봉도 수억 원 받는다고 한다. 병원은 의사 면허증만 있으면 일할 수 있지만, 개인병원을 차리면 여러 가지 부수적으로 알아야 할 것들이 많다.

사실 의과대학을 나와 의사가 되었지만, 경영은 다른 분야라고 들었다. 환자 관리, 세무 관리, 급여 관리, 직원 관리, 기계 장비 관리 등 종합적으로 알기는 힘들다고 한다. 그럭저럭 병원은 운영하겠지만, 따로 컨설팅을 받는 병원은 많지 않다고 한다. 그래서인지 잘되는 병원은 이유가 있는 것 같다. 문제는 컨설팅 비용인데, 그래도 신청이 많은 것을 보면 비싸도 그만큼 값어치가 있기 때문이지 않을까 생각해본다.

만약, 이 모든 것을 경험을 통해 하나씩 습득해나가면서 공부한다면 시간도 많이 걸릴 것이고, 결과가 꼭 좋다는 보장도 없을 것이다. TM영업도 마찬가지다. 오랜 시간 그 분야에서 일했던 사람에게는 배울 게 많기 때문에 세미나나 특강을 가보라고 추천해주고 싶다. 세미나, 특강을 통해 실적을 더욱 성장시키는 상담사는 지혜롭다고 말하고 싶다. 진짜 노하우는 책으로 알 수 있는 것이 아니기 때문이다. 책을 많이 읽는 것도 중요하지만, 세미나에서 배우는 것은 엑기스를 배우는 것이기 때문에 효과가 더욱 크다.

세미나에 수백만 원 투자하는 대기업 간부들

대한민국에서 내로라하는 대기업 간부들은 전문 분야에 대한 노하우를 독학할까? 아니면 컨설팅을 받으러 세미나를 다닐까? 나는 궁금하면 못 참는 성격이라 이리저리 알아보았다. 그들은 1년에 여러 군데 세미나를 들으러 다닌다고 한다. 삼성, 현대, 엘지 등 대기업 간부들의 개인 일정을 보면 항상 ○○세미나, ○○특강, 조찬 강의 등 값비싼 돈을 주고 강의를 들으러 다닌다. 삼성의 이재용 부회장님은 1년에 1억 원짜리 강의를 들으러 다니는 것을 신문에서 본 적이 있다.

그들이 돈이 남아돌아서 다니는 것 같은가? 아니다. 원래 부자들이 더 절약하고 더 돈을 귀중하게 생각한다. 그러니 더 좋은 사업 아이템을 찾아 투자하기 위해 여기저기 돌아다니며 정보를 얻고 세미나에 참석하는 것이다. 하지만 일반인들은 투자를 로또의 개념으로 이해하고 있다.

요즘 주식이나 부동산으로 수십, 수백 배의 수익을 내준다는 사기꾼들의 광고에 속아 넘어가 모아놓은 피 같은 재산을 탕진하는 사례가 많은 것 같다. 우리는 모두 각자가 일하는 전문 영역이 있다. 부동산, 보험, 주식, 펀드, 건강식품, 약 봉투 등, 이런 전문 분야의 지식을 습득하는 데 투자하라는 말이다.

내가 12년 동안 경험한 텔레마케팅은 전문 지식에 대한 투자는 제쳐두고 혼자서 열심히만 하면 여러 가지 문제가 발생하는 것을 알게 되었다.
"입사만 하면 다 알려주겠지."
천만의 말씀이다. 나도 그렇게 생각했었고 또 그 믿음이 부서지는 경험을 수없이 해본 장본인이다.

내 경험상 TM 영업에서는 제일 먼저 스크립트 짜기, 가망 잡고 계약하기, 철회 방어 방법 등 수많은 비법과 실패 경험들이 모여 억대 연봉으로 연결되는 것이다. 그런데 이 수많은 실패 경험을 내가 직접 하려면 10~20년이 걸린다. 그냥 재미로 일을 시작해보는 사람은 없다. 반드시 급여가 오르고 돈을 만져보아야 더 열심히 일할 마음이 생기는 것이다. 이런 노하우를 하루라도 빨리 배워야지, 나중에 나이 들고 배우면 많은 시간이 낭비된다.

내가 세미나를 하고 특강을 하는 이유는 바로 이러한 문제들을 해결해주기 위함이다. 실제로 많은 수강생이 단 며칠, 단 몇 달 만에 억대 연봉자가 되는 신기한 일들이 생겨나고 있다. 내 자랑으로 들릴지는 모르지만, 최대한 내가 아는 것들을 전부 쏟아부어 주기 때문이라고 생각한다. 10년 걸릴 것을 단 몇 개월 만에 해결해준다. 내가 연도 대상 받았을 때 노하우, 내가 실패했을 때 문제점, 개선하는 방법, 고액 계약법 등을 전수해준다.

"그거 믿을 수 있나요?"
워낙에 급성장하는 상담사들이 많다 보니 정말 믿을 수 있냐는 질문을 많이 받는다. 궁금하신 분들은 네이버에 '한국텔레마케팅코칭협회'를 치시면 카페가 나온다. 후기들을 많이 올려놨으니 참고하시면 많은 도움이 될 것이라 생각한다. 2주 만에 1,300만 원 받은 분, 한 달 만에 4,000만 원 받은 분, 3개월 만에 3,000만 원 받은 분 등 수많은 성공 사례를 올려놓았다.

성공에 목이 마르고 성격이 급하신 분들은 나에게 연락을 주시면 성실히 대답도 해드린다. 12년 동안 쌓인 노하우로 정직하게 컨설팅해드릴 것이다.

　문의를 주시기 전에 유튜브에 '김우창작가TV'를 검색 후, 한 개라도 보고 오시면 도움이 될 것이다. 많이 물어보는 내용은 유튜브에 방송으로 매주 올리고 있어서 도움이 많이 되실 거라 생각된다.

[포지셔닝]
좋은 땅에 떨어지면
100배 성장한다

전문가를 만나야 100배 성장한다

"더러는 좋은 땅에 떨어지매 자라 무성하여 결실했으니 30배나 60배나 100배가 되었느니라."

<성경, 마가복음 4장 8절>

　TM 영업을 시작하는 사람들은 멘탈 관리가 매우 중요하다. 내가 어렵고 힘들 때 매달릴 힘을 어디서 얻을 수 있는가? 나는 독실한 기독교 신자는 아니지만, 성경 말씀을 보면서 큰 위로와 평화를 얻고 실적도 많이 높아졌다.

예를 들면, 어린아이가 아버지를 믿고 있으면 건널목을 건널 때든, 육교를 건널 때든, 차를 타고 갈 때든 엄청난 편안함을 느낀다고 한다. 그런 것과 비슷하다.

TM 영업을 하면서 믿는 구석이 없으면 항상 불안함과 초조함으로 일이 잘 풀리지 않는다.

"이번 달은 잘했는데, 다음 달은 또 어떻게 견디지?"

그러다가 심하면 술중독이 되어 술 없이 잠들기 힘들어지는 경우도 많다. 요즘 약을 먹지 않으면 잠을 못 자는 사람들도 늘어나고 있다고 한다. 그런 사람들에게는 믿음과 힘을 얻을 수 있는 책이나 전문가가 필요하다. 그럼 자동으로 걱정과 불안에서 해방될 수 있다.

좋은 땅이란 어떤 것인가? 배산임수(뒤에는 산으로 둘러싸여 있고 앞에는 강이 흐르는 곳)의 조건을 갖추고 땅의 원료가 황토 같은 땅이다. 영양분이 풍부하고 인체에 좋은 영향을 미치는 음이온이 가득한 땅을 말한다. 사람이 살기에 가장 좋다는 황토로 지은 집이 고가에 팔리는 이유가 바로 이것이다. 그만큼 가치가 있기 때문이다.

우리가 TM 영업을 할 때, 좋은 땅이라고 말할 수 있는 것은 3장에서 말한 상담 기술들이다. 그리고 내 생각과 사고는 씨앗이라고 할 수 있다. 나의 상담 태도가 열정과 자신감으로 똘똘 뭉쳐 있다는 것은 씨앗이다. 열정이 빛을 발하고 30배, 60배, 100배의 열매를 맺으려면 그 씨앗이 좋은 땅에 떨어져야 가능한 것이다.

만약, 내가 잘할 수 있는 믿음과 열정이 있는데 자갈밭에 떨어진다면 30배는커녕 그 씨앗의 운명은 사멸하게 된다. 아침부터 저녁까지 열심히 일해서 콜타임이 3시간 넘게 나와도 계약은 안 나오면 갑자기 때려치우고 싶은 생각이 들기도 한다. 체감온도 영하 30도의 강추위를 뚫고 출근해도 아무 결실 없이 퇴근하는 지옥 같은 시간을 보내게 된다는 말이다.

"나는 TM 영업으로 1,000만 원, 2,000만 원을 받을 것이다"라는 충만한 믿음과 열정이 있어도 좋은 땅에 떨어지지 않으면, 그 씨앗은 죽음을 맞이할 수밖에 없다.

나의 상담 능력을 좋은 땅이 되도록 꾸준히 곡괭이로 갈아엎어야 한다. 그래야 앞으로 70년이라는 시간을 돈 걱정 없이 살 수 있게 된다. TM 영업을 할 때, 나의 상담 실력을 좋은 땅으로 만드는 방법은 3장에서 다섯 가지 노하우로 적어놓았다.

지금 나의 상담 실력이 좋지 않은 자갈밭 같은 땅이라고 해도 좋은 땅으로 바꾸는 작업을 해야 한다. 이 작업은 단기간에 되지 않는다. 1~2개월 정도 계획을 세우고 꾸준히 하다 보면 100배의 열매를 맺는 경험을 할 수 있을 것이다.

방해되는 잡초는 과감히 뽑아버려라

그다음 단계는 믿음이라는 씨앗을 심는 작업이다.

"나는 34평 아파트를 살 것이다."
"내가 전원주택을 지을 것이다."
"내 자녀는 좋은 대학에 보낼 것이다."
"수입차 벤츠를 살 것이다."

우리에게는 이러한 믿음의 씨앗들이 존재한다. 아마 없는 사람은 없을 것이다. 다 다른 믿음의 씨앗을 가지고 있지만, 열매를 맺는 사람과 그렇지 않은 사람으로 나뉜다. 그 이유는 무엇일까?

나는 잡초를 뽑는 사람과 아닌 사람의 차이라고 생각한다. 잡초는 나의 성장을 방해하는 것들이라고 할 수 있다. 나를 시기, 질투하는 친구들도 해당되고, 못 잡아먹어서 안달이 난 사람들도 해당된다. 이런 잡초 같은 무리에 현혹되면 나의 성장은 30배가 아니라 0이 될 가능성이 매우 크다.

나의 수강생 중에서도 '이 상담사는 충분히 1,000만 원 2,000만 원 받을 수 있을 것 같다'라고 생각해도 잡초에 둘러싸여 있는 경우를 많이 보았다. 내 강의를 수강하면 잘하게 되고 실적이 상위권으로 올라가게 된다. 그럼 자연히 질투하고 망하게 하는 무리들이 등장하게 된다.

"작가님, 너무 힘들어요."
옆에서 놀리거나 왕따는 물론, 이간질을 해댄다는 말을 들었다. 그때 매우 화가 나 대처하는 방법을 코칭해주기도 했다.
"잡초는 그냥 뽑아버리세요."

여러분들도 앞으로 어떤 직업을 가지든 자갈밭을 좋은 땅으로 만드는 환경 조성이 선행되어야 100배의 결실을 얻을 수 있다. 잡초를 발견하면 그냥 뽑아버리면 그만이다. 그것으로 스트레스받지 말기를 바란다. 그리고 믿음이라는 씨앗을 심어 큰 결실을 맺으실 수 있도록 뒤에서 응원할 것이다. 나의 유튜브 채널 '김우창작가TV'를 보면 많은 도움이 될 것이라 생각한다. 앞으로 좋은 땅에서 큰 열매를 맺을 수 있기를 간절히 기도한다.

[인내력]
머리보다 끈기가
수십억 원을 만든다

1m 앞에서 놓친 수십억짜리 금광

예전에 어느 책에서 금광에 관련된 이야기를 본 적이 있다. 그 책에는 한 청년이 등장하며 이야기가 시작된다.

청년은 어느 날 좋은 금맥 하나를 발견했다. 그는 금맥을 매입해서 채광하자마자 곧바로 제련소에 보냈고, 엄청난 돈을 벌게 되었다. 그런데 생각과는 달리 갑자기 금맥이 끊겨버렸다. 필사적으로 파내었지만 아무런 효과가 없었다.

"헉, 이거 뭐지? 이제 그만 포기하자."

그는 허탈한 마음으로 금광을 팔아넘겼고 모든 장비도 헐값에 고물상에 팔았다. 그의 장비를 산 고물상 주인이 곧바로 전문가를 채용해서 금맥을 조사했다. 놀랍게도 그 청년이 파다가 멈춘 1m 부근에 다른 금맥이 있다는 것을 발견해 많은 돈을 벌게 되었다.

그 청년은 재기하기 위해 보험 세일즈에 도전했다. 의지가 약해서, 조금 더 인내하지 못해 1m 앞에 있는 황금을 놓치고 말았던 실수를 다시 하지 않기 위해 "이제는 두 번, 세 번, 다섯 번, 여섯 번 거절당해도 절대 단념하지 않겠다"라고 결심했다. 결국, 그는 끈기와 인내로 도전해서 미국의 최고 보험 세일즈맨으로 성공했다는 이야기다.

TM 영업을 12년 하면서 신기한 사실을 깨달았다. 대부분의 신입생이 6개월을 버티지 못하고 퇴사하거나 이직을 한다는 사실이다. 참으로 안타까운 일이 아닐 수 없다.

앞에서 말한 금맥을 찾은 한 청년이 생각난다. 조금만 더 버티고 노력하면 충분히 한 달에 500만 원 이상은 가져갈 수 있을 텐데, 아쉽다는 생각만 든다. 1m만 더 팠으면 수십억짜리 금광이 있었는데, 그 시간을 버티지 못하고 큰 손해를 보는 것을 보면 안타깝다. 그 시간을 잘 극복하면 집도 사고 전원주택도 짓고 좋은 차도 사고 자녀를 좋은 학교에 보낼 방법이 있는데, 전혀 노력해보려고 생각하지 않는다. 그 분기점만 지나면 인생이 완전히 달라져버리는데, 그 1m를 앞에 두고 포기해버리는 것을 보고 있으면 도와주지 못한 내가 미안하기도 하다.

두려움을 극복해야 억대 연봉자가 된다

성공하는 사람들의 공통점은 끈기와 인내라는 말이 틀린 게 아니다. TM 영업에서 가장 중요한 것은 버티는 능력이다. 10기 수강생 강○○ 님도 8개월 동안 꼴등을 하다가 9개월 차에 1등을 하고 급여 1,300만 원을 받아가셨다.

처음 나는 이분을 보고 이런 생각을 했다.
"이렇게 나이 드시고, 수술해야 할 만큼 건강도 나쁘신데 과연 될까?"

내가 이분을 정말 칭찬하는 데는 이유가 있다. 이분은 다른 분들보다 지능이 좋은 것도 아니고 체력이 좋은 것은 더더욱 아니었다. 이분이 특별한 이유는 바로 끈기와 근성이 남달랐기 때문이다. 매일 숙제는 못 해도 하려고 노력을 엄청나게 하셨던 기억이 난다. 그리고 두려워하지 않았다.

나에게 오시는 분들의 90%는 다 이렇게 말한다.
"고객이 거절할까 봐 두려워요."
"저도 할 수 있을까요?"

《성경》'시편'에 이런 말이 있다.
"내가 사망의 음침한 골짜기로 다닐지라도 해를 두려워하지 않는 것은 주께서 나와 함께 하심이라."

여기서 사망의 음침한 골짜기라는 말은 TM 영업하는 사람은 명심해야 하는 부분이다. 철회라든지 민원이라든지 계약을 잘하다가 계약이 잘 안 나온다든지 하게 되면 가장 먼저 이런 두려움이 찾아오게 된다. 이것을 극복하는 법을 알지 못하면, 아무리 날고 기는 사람도 무너져버린다.

나는 초등학교 6학년 때까지 가위눌리는 일이 잦았다. 집에 혼자 있으면 가위에 눌려 방에 들어가기 싫었을 때도 있었다. 나중에는 익숙해지고 퇴치하는 방법도 터득하게 되어 상관없었지만, 그전까지는 무서웠다.

온몸이 경직되고 악령이 몸속으로 들어온다고 말하는 사람도 있다. 무당들이 굿을 하면 신령님이 오셨다는 말을 하는 것도 이런 원리라고 생각한다. 어느 날은 내가 너무 힘들어하니까 어머니께서 "전문가를 찾아가 보자"고 하셨다. 병원에 가서 머리에 뇌파감지기를 열 개 넘게 붙이고 사진을 찍기도 하고, 어떤 교회에 찾아가 기도를 받기도 하며 별의별 짓을 다 해봤는데 아무 이상이 없다고 판정이 나왔다. 나중에 알게 되었지만, 그때의 원인은 심신허약이었다. 몸이 건강해야 정신도 건강한 것이다. 몸이 허약하니까 정신도 같이 허약해졌다.

그때부터 나는 태권도 학원에 다니기 시작했다. 학원에서 가르치는 발차기와 여러 가지 품세를 배우고 익히다 보니 내 속의 두려움이 조금씩 사라지게 되었다. 그리고 가위눌리는 일도 사라졌다.

여러 책에서 두려움이 찾아오는 원인은 건강관리를 잘 못 하는 경우가 대부분이라고 한다. 육체를 지배하는 것은 정신이다. 악몽과 정신병에 시달리는 이유도 제대로 관리하지 못하는 체력에서 비롯되는 것이다.

체력 관리는 내가 수강생들에게 항상 중요시하며 말하는 부분이다.

"매일 건물 10층까지 엘리베이터 말고 계단으로 걸어 올라가세요. 그리고 하루 30분씩 걸으세요. 그럼 헬스장에 갈 돈으로 명품 가방을 살 수 있습니다."

자신감과 열정이 생겨야 TM 영업을 할 때 계약이 쭉쭉 나오는데, 체력도 안 좋고 정신도 안 좋다고 하면 아무 일도 일어나지 않는다. 이것을 극복하는 일은 아주 간단하다. 평소에 체력과 식단 관리에 신경을 쓰면 쉽게 자신감과 열정이 생기는 것을 느낄 수 있다.

"도무지 자신감과 열정이 생기지 않아요."

만약 이런 분이 계신다면 내 책이나 유튜브 '김우창작가TV'를 보시면 힘이 생기실 것이다. 신앙이 있으신 분들은 기독교, 불교, 천주교 상관없이 자신의 마음을 신앙으로 다스리는 방법을 추천해드린다. 만약 없으신 분들은 나의 특강이나 책을 보면 마음에 큰 위로와 힘이 생기실 것이라 생각한다.

나는 신앙의 힘으로 위기를 극복하는 사례를 많이 보았다.

1. 센터에서 항상 1등 하는 분이 점심시간마다 교회에 가서 기도하고 오는 모습
2. 센터장님이 교인이셔서 성경 공부 모임을 하는 회사
3. 불교 말씀을 컴퓨터에 붙여놓고 일하는 상담사
4. 성경 말씀이 담긴 종이를 책상에 붙여놓고 일하는 상담사

신기한 점이 무엇일까? 대부분 이런 분들이 상위권에 랭크되어 있다는 사실이다. 내가 앞에서 실적을 좀먹는 두려움과 걱정을 말했던 이유가 바로 이것이다. 이분들은 두려움과 걱정을 무엇으로 이겨냈는가? 바로 신앙과 자신의 확고한 믿음으로 이겨냈다.

그런 것들이 없는 분들은 내 특강에 오시면 아주 자세히 상담을 통해 만들어드릴 수 있다. 아무쪼록 이 험한 세상 혼자 가려고 하기보다 같이 가자는 취지로 이 글을 쓰고 있다. 도움이 필요하신 분은 언제든 나의 카페로 오시면 친절히 도움을 드리겠다. 이제부터는 한 가지만 실천하자. 머리가 아니라 끈기로 성공하자. 그리고 억대 연봉으로 가자.

[돈의 법칙]
돈과 재물은 하늘의 법칙에 따라 움직인다

하늘의 법칙을 따르면 돈과 재물이 쏟아진다

TM 영업을 시작하기 전에 나는 오랫동안 무척 힘든 시간을 보냈다. 실패만 하다 보니 너무 힘들었다. 항상 내 인생을 탓하게 되고, 부모님이 원망스러웠다. 그러다 보니 되는 일은 없고 직장은 툭하면 잘리고, 금전적인 어려움에 시달렸다. 직장도 없는 완전 백수 신세였다. 미국에서 사기당해서 5,000달러를 날리기도 했다.

그때마다 나는 생각했다.
'나는 왜 하는 일마다 다 망하지?'

'뭐가 문제일까?'

나는 그때의 시련과 고난의 시간이 기회인 줄 몰랐다. 나는 실패에 짓눌려 있었다. 항상 두려웠고 기뻐할 겨를도 없이 하루하루를 살았다. 좀 더 여유를 가지고 나의 문제점을 직시하지 못했던 것이 안타깝다.

그때의 어려움이 지금은 나의 든든한 자양분이 되었다. 가끔 나의 실패에서 많이 배우게 된다. 한편으로는 여러분들에게 아주 멋진 실패를 해보기를 권하고 싶다는 생각이 들기도 한다. 한 살이라도 젊었을 때 말이다. 그 실패 속에서 나는 많은 것을 깨닫게 되었다. 정말 고마운 실패들이었다.

지금 여러분들이 힘들고 어렵다면, 그것이 기회라는 사실을 잊지 말라. 나중에는 그 시절이 아마도 그리울 수도 있을 것이다.

신기한 노하우를 한 가지 알려드리고 싶다. 이건 내가 직접 경험한 것이니 믿어도 된다. 실제로 사용해보길 바란다. 그것은 '실패를 감사로 바꿀 때 그 실패가 빛을 발하기 시작한다'는 것이다.

여러분들을 망하게 한 사람에게 감사하라.
여러분들의 계약을 철회한 고객들에게 감사하라.
여러분들의 돈을 가지고 도망간 사기꾼에게 감사하라.
여러분들을 괴롭게 하는 실장님에게 감사하라.
여러분들의 말을 듣지 않는 자녀들에게 감사하라.

진심으로 감사할 때, 기적이 일어나기 시작할 것이다. 그럼 내가 성장하기 시작하는 것을 느낄 수 있다. 내 속에서 원망과 불평의 귀신들은 모두 도망가는 것을 알 수 있게 되고 세상을 더 밝게 보는 시야를 가지게 된다. 그리고 더 좋은 기회를 가질 수 있는 행운도 따라온다.

"당신 때문에 내가 망했어."
이런 말은 100번 해도 삶은 좋아지지 않는다. 원망과 불평은 재물과 돈을 밀어내는 역할을 할 뿐이다.

내가 강의에서 항상 말하는 것이 바로 하늘의 법칙이다. 내가 누군가를 비난하면 내 인생이 망하게 되는 것이다. 누군가의 성공을 빌어주고 잘되게 하려는 생각을 가지면, 내 인생이 돈과 재물로 가득차게 된다. 이것은 내가 만들어낸 법칙이 아니다. 태어나기 이전부터 있던 하늘의 법칙이다.

잘되는 식당에 들어가 본 적이 있는가? 항상 더 주려고 하고 웃는 얼굴로 손님에게 최상의 서비스를 제공하는 식당은 성공한다. 거기에 맛있는 음식까지 더해지면 줄 서는 식당이 되고 돈과 재물이 넘쳐흘러 대대손손 부자가 되는 것이다. 이것은 하늘의 법칙이다.

TM 영업도 똑같다. 고객에게 한 건을 더 하려고 하지 말고 고객에게 먼저 무엇을 줄 수 있을지를 항상 생각하라. 그럼 돈과 재물이 쏟아지리라 생각한다. 아래에 다섯 가지만 적어보고 오늘 바로 실천해보자.

오늘 고객에게 줄 수 있는 5가지

예시 나는 오늘 고객에게 어디서도 들어보지 못한 귀중한 정보를 줄 것이다.

1.
2.
3.
4.
5.

지금의 실패는 큰돈을 벌 수 있는 절호의 기회다

"항상 기뻐하라, 쉬지 말고 기도하라, 범사에 감사하라."

내가 좋아하는 성경 구절이다. 나는 항상 힘들 때마다 성경 구절로 큰 위안을 받는다. 그렇다고 내가 독실한 기독교 신자인 것은 아니다. 하지만 성경을 읽고 묵상할 때마다 나에게 새로운 힘이 샘솟는 것을 느낄 수 있다. 나의 무지를 깨닫게 해준다. 돈을 벌 수 있는 지혜를 얻는 가장 좋은 수단은 바로 성경을 읽는 것이라고 할 수 있다.

이 구절은 이렇게 말한다. 항상 기뻐하라. 나는 이 구절이 그렇게 큰 힘을 발휘할 줄 몰랐다. 이 구절의 뜻은 잘될 때도 기뻐하고, 망했을 때도 기뻐하라는 말이다.

"말이 됩니까?"라고 반문할 수도 있을 것이다. 풀어보면 잘될 때는 당연히 잘되니까 기뻐하고, 안될 때는 실패에서 배우는 것들이 있어서 기뻐해야 한다는 말이다. 나는 항상 실패에서 배우는 습관을 지니고 있었다. 항상 배우는 건 아니지만, 예를 들면 이런 것이다.

첫째, 흥청망청 소비하는 습관으로 망해보았기 때문에 지금은 절대 흥청망청 소비하지 않는다. 꼭 필요한 곳에 과감하게 돈을 사용한다. 돈을 사용하면서 항상 감사하는 마음을 가진다. 그리고 절약할 줄 안다.

둘째, 배우는 데 인색해서 사업에 망해보았기 때문에 지금은 배우는 데 아끼지 않고 과감하게 투자할 줄 안다. 세상에서 가장 좋은 투자는 자신에게 투자하는 것이다. 이 말은 세계 최고의 부자 워런 버핏 회장의 말이다. 그의 말은 항상 옳다는 것을 잊지 않고 실패에서 배우며, 나 자신에게 과감히 투자하는 습관을 지닌다.

셋째, 욕심이 많아 사기당해보았기 때문에 지금은 절대 욕심을 부리지 않는다. 욕심은 사람을 파멸로 이끈다. 정직하게 일하고 돈을 벌면 TM 영업을 하면서 성공할 수 있다. 결국, 돈이라는 것은 신용의 문제다. 큰 욕심을 부리면 언제나 화를 당한다는 말을 명심하고 정직하게 돈을 버는 것이 가장 최상이라고 믿는다.

넷째, TM 영업에서 망해보았기 때문에 수강생들에게 망하지 않는 방법을 알려줄 수 있다. 내가 망해보지 않고 어떻게 다른 사람에게 성공을 말할 수 있겠는가? 나는 그때 그 시절에 감사하다. 좌절했던 시간 속에서 희망을 볼 수 있는 환경을 제공해준 것에 감사한다.

다섯째, TM 영업에서 성공해보았기 때문에 자신 있게 특강에 오신 분들께 말할 수 있다. 실패를 해보았기 때문에 실패하지 않는 방법을 터득하게 된 것이다. 얼마나 감사한 일인가? 여러분이 지금 직장이 없고, 돈이 없고, 애인도 없고, 집도 없다면 얼마나 행운인가? 이 책을 보고 힘을 얻어 나를 특강에서 만날 기회가 생기지 않았는가? 실패는 절대 실패가 아니라는 것을 명심하기 바란다.

[노후 준비]
TM 영업은 나이 든 사람들의 천국

고령화 사회, 노인들을 내팽개치는 대한민국의 현실

고령화 사회란, 의학이 점점 발달하고 평균수명이 늘어나면서 노령 인구의 비율이 높아져가는 사회라고 한다. 내가 원하지 않아도 오래 살게 된다는 말이다. 그리고 병들면 예전에는 금방 돌아가셨는데 지금은 암에 걸려도 일주일 만에 퇴원하는 시대에 살고 있다. 식생활이 개선되고 건강에 좋은 음식들이 쏟아져 나오며, 의학이 발전했기 때문이다. 한마디로 무병장수를 하는 시대라는 말이다.

하지만 이런 100세 시대에 걱정이 되는 것은 돈 문제다. 일해서 생활비를 벌어야 먹고사는 문제를 해결할 수 있다. 하지만 뽑아주는 곳이 없으니 하루하루 신세 한탄만 하며 사는 노인들이 많다고 한다.

전에 TV 프로그램에서 새벽 청소 일하는 분들의 출근 모습을 본 적이 있다.
"자, 타세요."
버스 기사가 새벽 4시경 출발하려고 하면 줄을 서서 기다리는 나이 드신 분들이 계셨다. 새벽부터 사무실 청소를 하러 가기 위해서였다. 급여는 대부분 최저시급 수준으로 큰돈은 벌지 못한다고 한다. 그러나 생활비를 버는 데는 이것만 한 것이 없다고 입을 모아 말한다. 새벽부터 청소 일을 하러 출근하는 모습을 보며 텔레비전을 보는 내내 가슴이 찡해지는 것을 느낄 수 있었다.

'나도 저런 일을 하게 될 수도 있겠다.'
별안간 두려움이 찾아오기도 했다. 요즘 지하철에서 물건을 파시는 분들은 거의 없지만, 그런 분들 중에도 머리가 희끗희끗하신 노인분들이 많았다. 갈 곳이 없어 내몰리고 있는 노인들을 우리 사회가 내팽개치고 있는 건 아닌지 심히 걱정된다.

지금 우리나라는 심각한 사회적인 모순이 있다. 평생직장이라는 문제를 정부에서 두 손 놓고 쳐다만 보고 있다는 사실이다. 대통령 선거 때만 표심을 잡기 위해 이런 홍보를 한다.

"65세 이상 국민께 평생 100만 원씩 연금을 지급하겠습니다."

대부분 이러다 당선이 되면 언제 그랬냐는 듯 핑계를 대며 발뺌하는 것을 보면 참으로 우리나라는 노후에 무책임하다는 것을 알 수 있다. 자녀들은 다 커서 따로 살고 요즘은 또 코로나 시대라서 혼자 독방 신세로 지내는 노인들이 늘고 있다고 한다. 고령화 사회는 이처럼 누구 하나 돌봐줄 사람이 없는 세대가 많아지는 것을 말한다. 어떻게 하면 이런 시국에 돈 걱정 없이 일할 수 있을까?

나이 들어도 돈, 시간, 재미를 충족시킬 수 있는 직업

"내가 식당에 가서 설거지나 해야지, 어디 가서 500~600만 원을 받으면서 편하게 일할 수 있어?"

"맞아, TM 영업은 정말 나이 든 사람들을 위한 직장인 것 같아."

TM 영업 센터에서 점심 시간에 고령의 팀장님들 대화 내용이다. 여기는 나이 든 사람들의 천국이라고 생각한다. 다른 직업에서는 상상도 못 하는 돈, 시간, 재미를 충족시켜주기 때문이다.

일반 직장은 정년이 있고 50세가 넘으면 명예퇴직이라는 이름으로 쫓아낸다. 대기업도 똑같다. 삼성도 그렇고 LG도 그렇다. 어떤 회사도 나의 노후를 책임지고 손잡고 갈 수 있는 회사는 없다.

사실 콜센터는 온종일 수다를 떨고, 놀면서, 하루에 한 건만 계약해도 200~300만 원은 버는 급여 구조로 되어 있다. 열심히 하는 분들은 당연히 더 많은 급여를 가져가는 시스템이다. 그래서 나이가 60세가 넘으신 상담원들이 한번 들어오면 안 나가는 이유가 여기에 있다. 손주 사진을 책상 위에 올려놓고 일하는 모습을 보면 참 대단하다는 생각이 든다.

"내 생활비는 내가 벌어야지."
"자식들한테 손 내미는 짓은 못하겠어."
평생을 키운 자식인데도 기대고 싶지 않은 부모의 마음이란 바다보다 깊은 것 같다. 그래서 눈에 넣어도 아깝지 않은 것이 자식이라고 하지 않는가?

TM 영업은 이처럼 나이를 보지 않는다. 요즘 젊은이들도 예외는 아니다. 많은 청춘들이 취업은 안 되고 갈 곳은 없다고 아우성치고 있다. 그러다 보니 요즘 몇 년 동안 뉴스에 공무원 시험 경쟁률이 많이 나오고 있다.

마스크 끼고 전국 7급 공무원시험… 평균 경쟁률 69.73대 1

<sbs뉴스> 2020.10.17.

7급 국가공무원 필기 경쟁률 46대1, 50대, 449명 지원

<파이낸셜뉴스> 2020.08.18.

취업도 안 되고 노후도 걱정되니까 공무원을 하기 위해 젊은이들이 몰려드는 것이다. 노량진 학원가에 가보면 전국에서 올라와 시험 준비하는 사람들을 많이 볼 수 있다. 밤을 새워가면서 몇 년 동안 공무원 시험을 준비한다. 그리고 70대 1의 경쟁률을 뚫고 들어간다. 나머지 69명은 또다시 시험을 준비하게 된다는 뜻이다. 참으로 안타깝다.

설사 들어가도 문제다. 워낙 박봉이니 맘껏 쓰고 놀지도 못한다. 이러한 문제가 있어도 오로지 취업이 목표인 대학생들은 오늘도 공무원 스펙을 위한 소리 없는 전쟁 중이다. 대학에 들어가는 목표가 공무원이라니, 대한민국의 미래는 공무원 국가가 되는 것이 아닌지 걱정되기도

한다.

요즘 세대들은 자신의 시간을 소중히 여길 줄 알고 많이 벌고 정년이 보장된 안정된 직장을 선호한다. 하지만 공무원이라는 직업이 그들의 욕구를 충족시켜줄 수 있을까?

TM 영업은 나이 드신 분들뿐만 아니라 대학생들에게도 큰 장점이 있다. 돈, 시간, 재미를 완벽하게 충족시켜준다. 적응만 잘하면 억대 연봉을 받으면서 정년이 없는 평생직장으로 손색이 없다.

"저는 경력이 없는데도 할 수 있을까요?"
이렇게 물어오시는 분들도 많다. 나도 TM 영업을 처음 할 때 엄청나게 놀랐다. 백수인 나를 위해 매주 교육을 1시간씩 해주고, 매달 업그레이드 교육을 또 해준다. 신입인 나에게 이렇게 잘해줘도 되나 싶을 정도였다. 단, 한 가지 준비해야 하는 것이 있다. 국가시험을 보고 코드를 따야 하는 절차가 있긴 하다. 이건 너무 쉬우니 걱정 안 해도 된다. 한 달 정도만 열심히 공부하면 합격할 수 있다.

"저는 너무 힘든 일은 적응하기 힘들어요."
사람마다 스타일이 다 다르지만, 나는 열심히 일하는 그룹에 속했다.

하루에 대여섯 건씩 못하면 직성이 안 풀리는 스타일이다. 그래서 남들보다 더 열심히 한다.

하지만 성격이 좀 다른 분들도 많이 계실 것이다. 즐기는 직장, 스트레스 없는 직장, 이런 곳을 선호하는 상담원들도 많다. 조금 적게 벌어도 여유 있게 일하고 졸리면 책상에서 낮잠을 청하기도 한다. 휴가 때는 월차를 붙여서 14박 15일 여행을 다녀오는 분들도 많다.

또, 아이들 유치원에 데려다주어야 하는 상담원은 입사 때 미리 이야기하고 늦게 출근하는 분들도 많다. 지병이 있어서 오후에만 출근하는 분들도 계신다. 당신이 지금 직장을 구하고 있다면 망설이지 마라. 나는 TM 영업을 적극적으로 추천한다.

[지혜]
10년 걸릴 일을
단 몇 달 만에 해결하라

지혜로운 선택으로 4,000만 원을 받는 수강생

"지혜는 그 얻은 자에게 생명 나무라 지혜를 가진 자는 복되도다."

<잠언 3 : 18>

"지혜로운 사람은 어떤 사람일까?"

나의 수강생 중 24기 김○○님이 계셨다. 2020년 7월 13일에 나를 찾아오신 이분은 상담받고 한 달 후 4,000만 원을 경력 지원비로 받았다. 이런 사람은 지혜로운 사람이다. 나의 도움을 받지 않고 만약 다른 방법으로 문제를 처리했다면 망했을 수도 있을 것이다. 그것은 별로 지혜롭지 못한 선택이라는 말이다. 10년 걸릴 일을 전문가의 도움으로 단 몇 달 만에 해결하는 것이 지혜다. 15년 걸릴 문제를 단 두 달 만에 해결하는 것도 지혜로운 사람이라고 할 수 있다.

나의 지금 상태가 계약이 잘 안 되고 고난과 고통 중에 있다면 책을 찾아보거나 특강을 찾아서 듣는 것이 지혜로운 사람이다. 악순환의 고리를 끊지 못하고 불안과 고통 속에 하루하루 살아간다는 것은 불행을 스스로 만들어내는 나쁜 습관이라고 할 수 있다. TM 영업은 혼자서 뭔가를 하려고 노력하면 할수록 깊은 늪으로 빠져들어 가는 경험을 하게 된다.

나는 처음 TM 영업을 할 때 3년 정도를 혼자서 노력해봤다. 책도 보고 인터넷도 뒤져보고 했었지만, 별로 큰 성과를 얻어내지 못했다. 독학을 시작할 때 당시의 실적과 독학하고 난 3년 후의 실적이 별로 다르지 않았다. 쉽게 이야기하면, 시간만 낭비되고 노력은 물거품이 되어버린다는 말이다.

24기 김○○님도 나를 찾아올 당시 낭떠러지에 있었다. 서울 창동에 사셨던 분이셨는데, 2020년 7월 13일에 나를 만나 2020년 8월 25일에 4,000만 원의 급여를 받았다. 만약 안 만났었더라면 급여가 100만 원 정도 될 뻔한 사례였다.

그때 김 선생님은 지혜를 발휘해서 '전문가를 만나야겠다'라는 생각을 하셨고, 그 순간의 선택이 이분의 인생을 완전히 바꿔어주었다. 이분은 그때의 그 지혜로운 선택 덕분에 지금도 상위권을 유지하면서 잘 살고 계신다.

나는 여러분들이 꼭 지혜로운 선택으로 부자가 되시길 바란다. 지금 만약 일이 잘 안 풀리고 힘들다고 하더라도 한다면 김 선생님처럼 전문가의 도움을 받아서라도 성공하길 바란다.

나는 TM 영업을 하면서 안타까운 사람들을 많이 보게 된다. 지혜롭지 못한 일을 계속하면서 본인은 그 행동이 문제인지를 모르는 사람들이다.

나쁜 일과 좋은 일은 종합 선물 세트로 온다

"진인사대천명(盡人事待天命)"
이 말은 하늘은 스스로 돕는 자를 돕는다는 뜻이다.

그분들의 노력과 수고가 나쁘다는 것이 아니다. 잘못된 방법으로 계속 노력하는 것이 나쁘다는 것이다.

"다이어트를 할 거야"라고 말하면서 치킨과 피자를 매일 배불리 먹는다면 어떻게 될까?

"암에 걸려서 꼭 치료할 거야"라고 하면서 암 환자가 항암을 치료해야 하는데 매일 술과 담배로 건강을 해친다면 어떻게 될까?

전문가의 조언을 따르지 않고 자신만의 생각으로 하는 노력은 무척 위험하다. 자신의 노력은 가상하고 칭찬해줄 만하지만, 경험이 많은 사람의 조언을 무시하면서 하는 노력은 모두 물거품이 되어버린다. TM 영업을 하면서 두 달도 못 견디고 때려치우는 상담원이 많은 이유다. 일이 안 되면 반드시 전문가의 도움을 받아야 10~20년 동안 수억 원을 넘게 벌 수 있게 되는 지혜가 생긴다.

고속도로에서 사고가 나면 1차 충돌 후 거의 90% 이상이 2차 충돌과 3차 충돌의 대형 사고로 이어지게 된다. TM 영업 역시 한번 망하기 시작하면 연쇄작용이 일어난다.

예를 들면 일이 안 되니까 피곤하고, 피곤하니까 나가기 싫고, 나가기 싫으니까 실적이 저조하고, 실장님께 혼나니까 다른 회사로 가게 되고, 또 일이 안 되니까 피곤하고, 피곤하니까 나가기 싫고, 나가기 싫으니까 실적이 저조하고, 실장님께 혼나니까 다른 회사로 가게 되고. 나쁜 일은 이렇게 반복되는 성향을 가지고 있다. 이런 악순환은 항상 혼자 다니지 않는다. 종합선물세트로 같이 다닌다.

나쁜 일만 연쇄작용이 일어나는 게 아니다. 좋은 일들도 연쇄작용의 영향을 받는다. 잘되는 사람들에게는 좋은 일들이 종합선물세트처럼 온다. 특강에 와서 비법을 배우니까 일도 잘되고, 돈도 잘 벌고 집도 사고, 차도 사고, 전원주택도 짓고, 해외여행도 가고, 자녀가 좋은 학교에 가서 더욱 잘되고, 그로 인해 가정이 행복해지고, 친구들이 좋아하고, 표정이 밝아지고, 좋은 사람을 만나 결혼도 하고, 직장에서도 인정받고, 1등 하니까 포상 휴가도 가고, 돈이 많으니까 어려운 사람을 도와줄 여력도 생기고, 인간관계가 좋아지고, 타사에서 스카우트 제의도 들어오게 된다. 다시 말하면 연쇄작용을 통해 좋은 일이 이어진다.

이렇듯 지혜로운 사람과 지혜롭지 못한 사람은 큰 차이를 보인다. 내가 만약 지금 힘든 상황에 부닥쳐 있다면, 반드시 지혜를 가지도록 노력해야 한다. 10년 걸릴 것을 단 몇 달 만에 해결해줄 수 있는 사람을 찾아가야 한다.

복된 일은 연쇄작용을 통해 불어나는 성향이 있다. 지혜를 가지고 눈덩이처럼 불리는 여러분이 되시길 바란다. 산 위에서 작은 눈덩이를 굴리면 점점 커져서 2배, 4배, 8배, 10배, 20배, 50배, 100배로 불어나게 된다. 이건 초등학생도 아는 상식이다. 중요한 것은 100배로 불어나길 가만히 앉아서 기다리지만 말고 산 위로 올라가려는 노력이 필요하다. 그런 노력은 여러분을 100배 성장시켜줄 원동력이 된다.

전문가를 찾기 위해 여기저기 알아보는 지혜가 필요하다. 그럼 여러분의 인생이 악순환의 고리를 끊어버리고 선순환으로 전환되어 좋은 일들이 마구마구 생길 것이다. 지금 당장 시작하자.

에필로그

혼자 성공하는 부자는 없다

나는 오래전 이렇게 생각했던 적이 있다.
'누구의 도움도 받지 않고 나 혼자 보란 듯이 성공할 것이다.'

그 말이 아주 멋있어 보였기 때문에 한동안 자신감과 우월감에 차 있었다. 그 이후 나의 삶은 어떻게 되었을까? 항상 외톨이였고, 경제 사정은 가난을 면치 못했다. 되는 일이 없었고 직장에서 잘리기 일쑤였다. 내 입에서는 열정적인 말이 나왔고, 내 머릿속엔 성공에 대한 갈급함으로 하루하루 살았지만, 현실은 항상 불행했다. 나는 그 이유를 알지 못했다. 누가 알려주지도 않았고, 학교 성적만 좋으면 모든 게 용서가 되었기 때문이다. 사회생활을 하면서 성공하는 방법을 아무도 나에게 말해주지 않았다. 하루하루 힘들게 살다가 어느 날 문득 이런 생각이 들었다.

'이 분야의 전문가를 찾아가 보자.'

그 사람은 반드시 해답을 알고 있으리라 생각했다. 그리고 내 인생은 어떻게 변했을까? 완전히 다른 방향으로 바뀌었다. 가난을 탈출하게 되었고, 수많은 계약을 하게 되었으며, 남들이 다 부러워하는 억대 연봉을 받게 되었다. 나는 여러분들에게 마지막으로 하고 싶은 말이 있다.

"혼자 성공하는 부자는 없다."

부자들 옆에는 반드시 전문가들이 동행한다. 세무 전문가, 마케팅 전문가, 노무 전문가, 일정표 전문가 등등 옆에서 파트너로서 성공을 응원해준다. 국가 대표 선수들도 혼자서 성공하는 사람은 없다. 옆에서 식단 관리를 해주는 사람, 운동 스케줄을 관리해주는 사람들이 항상 도와준다. 그 전문가들의 조언을 귀담아 듣고 매출이 늘어나니 성공하는 것이다.

만약, 여러분 주위에 전문가가 없고 혼자 맨땅에 헤딩하고 있다면 반드시 망하게 된다. 내가 여러분을 저주하려고 하는 말이 아니다. 내가 맨땅에 헤딩해봤기 때문에 이런 방법으로는 망하리라는 것을 알아서 하는 말이다. 반드시 전문가를 만나서 코칭을 받아야 성공하는 시간이 엄청나게 단축된다.

예전에 SBS의 〈골목식당〉에 백종원 씨가 나와 이런 말을 했다.

"망하는 가게에 가서 노하우 알려주면 그대로 하는 가게들은 성공합니다. 근데 대부분 자기식으로 판단해버리거나 혼자 해보려고 하는 가게는 장사가 잘 안 됩니다. 왜냐하면, 내가 하는 말은 다 경험해본 거니까요."

반드시 이론 고수가 아닌 실전 고수를 만나라

전문가를 만나려면 반드시 실전 경험이 많은 전문가를 만나야 성공한다. 10년 걸릴 것을 단 몇 달 만에 해결해줄 수 있는 사람을 만나야 한다. 그 경험이 있는 사람을 만나야 한다. 그래야 여러분의 인생이 180도 변하게 된다. 많은 사람이 실수하는 것은 이런 사람의 책은 보지 않고, 전부 교수들이 쓴 이론만 가득한 책을 보기 때문이다. 서점에 가보면 이론만 말하는 많은 자기계발서가 있다. 그 책들은 대부분 실제 경험을 한 것보다 이론을 말하는 것이 많다. 책 내용은 거의 다 이렇게 쓰여 있다.

"열심히 하면 성공합니다."

"노력하면 이루지 못할 것은 없습니다."

"자신감을 가지세요."

"1,000번 흔들려야 합니다."

하도 들어서 귀가 아플 정도의 말이다. 이런 이론적인 책만 보면 성공하기 힘들다. 이런 독자들은 서점에 가봐야 소용없다는 소리를 하며 책 구매를 꺼리게 된다. 이런 책을 아무리 보아도 변화를 체험하기 힘들다. 독자는 마케팅의 대상이 아닌, 변화되어야 할 한 사람으로 봐야 한다. 내가 생각하는 책은 독자가 읽었을 때 내면에서 불타오르고 삶에 변화가 나타나야 한다고 생각한다.

그래서 나는 여러분들이 TM 영업을 통해 성공하고 싶은데 방법을 모르겠다면 이 책을 보면 된다고 말하고 싶다. 이론만 말하는 책들은 그만 보고 실전을 말하는 책을 봐야 한다. 이 책은 실전 비법이 가득 담겨 있다. 전문가를 통해 성공하길 간절히 바라며 이 책을 꼭 구매해서 소장하길 기도한다.

"자신의 한계를 정하는 것은 다른 사람이 아닌 바로 자신이다."

남들이 말하는 한계는 지우고 나만의 방식으로 한계를 정하고 도전해보라. 그럼 지금보다 100배는 더 성장할 수 있을 것이다. 주변에서 뭐라 하든 간에 나의 한계를 돌파할 그 무언가를 찾기 위한 여정을 시작하라. 그리고 꼭 성공하길 기원한다.

생초보도 TM 영업으로 10억 버는 비법(개정판)

제1판 1쇄 2021년 3월 18일
제1판 2쇄 2022년 6월 13일
제2판 1쇄 2025년 11월 17일

지은이 김우창
펴낸이 한성주
펴낸곳 ㈜두드림미디어
책임편집 최윤경
디자인 노경녀(nkn3383@naver.com)

㈜두드림미디어
등 록 2015년 3월 25일(제2022-000009호)
주 소 서울시 강서구 공항대로 219, 620호, 621호
전 화 02)333-3577
팩 스 02)6455-3477
이메일 dodreamedia@naver.com(원고 투고 및 출판 관련 문의)
카 페 https://cafe.naver.com/dodreamedia

ISBN 979-11-24026-10-6 (03320)

책 내용에 관한 궁금증은 표지 앞날개에 있는 저자의 이메일이나
저자의 각종 SNS 연락처로 문의해주시길 바랍니다.

책값은 뒤표지에 있습니다.
파본은 구입하신 서점에서 교환해드립니다.